U0366711

清华新闻传播学博士文丛

Knowledge Construction and Dissemination Effects
of Controversial Scientific Issues

争议性科学议题的知识建构与传播效果研究

游淳惠 著

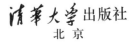

清华大学出版社
北 京

图书在版编目（CIP）数据

争议性科学议题的知识建构与传播效果研究 / 游淳惠著 . —北京：清华大学出版社，2024.1
（清华新闻传播学博士文丛）
ISBN 978-7-302-65287-8

Ⅰ . ①争… Ⅱ . ①游… Ⅲ . ①科学技术—传播学—研究 Ⅳ . ① G206.2

中国国家版本馆 CIP 数据核字（2024）第 035379 号

责任编辑：纪海虹
封面设计：傅瑞学
责任校对：王凤芝
责任印制：丛怀宇

出版发行：清华大学出版社
　　　　　网　　　址：https://www.tup.com.cn，https://www.wqxuetang.com
　　　　　地　　　址：北京清华大学学研大厦 A 座　　　邮　　编：100084
　　　　　社 总 机：010-83470000　　　　　邮　　购：010-62786544
　　　　　投稿与读者服务：010-62776969, c-service@tup.tsinghua.edu.cn
　　　　　质量反馈：010-62772015, zhiliang@tup.tsinghua.edu.cn
印 装 者：天津鑫丰华印务有限公司
经　　销：全国新华书店
开　　本：160mm×230mm　　　印　　张：15　　　字　　数：189 千字
版　　次：2024 年 3 月第 1 版　　　　　　印　　次：2024 年 3 月第 1 次印刷
定　　价：116.00 元

产品编号：082622-01

总　序

"清新博士文丛"即将付梓，我和学院的同事们倍感欣慰！

这套清华新闻传播学博士文丛，是从清华大学新闻与传播学院近年博士学位毕业论文中遴选出来、经作者修订完成的新锐成果，它们从选题到理论和方法，都相当丰富、前沿，饱含着热气蒸腾的学术理想、闪耀着思想的锋芒、浸润着辛劳的汗水、凝结着家人的关爱、承载着老师的期望，它们都是用坚强的意志和坚韧的毅力打磨数载、几易其稿的成果。这部文丛的作者们都是新晋博士、学术界的新秀，是经过了磨砺的勇士！在此，我谨代表学院，向各位院友作者致贺并致敬！相信这些意义非凡的作品，会成为你们每一位才俊在学术之路上的坚实起点！希望你们从此厚积薄发、阔步前行！

学院有感于博士学位论文水平的不断提升，于 2017 年决定资助其中一部分出版。经清华大学出版社的支持和较长时间的工作，这套文丛终于即将渐次面世。

清华大学新闻与传播学院成立一年后，即于 2003 年获得传播学博士学位授予权；2006 年获得新闻传播学一级学科博士学位授予权。十多年来，学院在博士研究生层面努力培养创新型、研究型和复合式的新闻与传播专业人才。在最近一次学科评估——第四轮学科评估（2012—2015）报告中，学院人才培养指标位列全国同类学科前三，在 81 个参评的新闻传播院系共有 13 个有博士学位论文抽检数据，清华新闻与传播学院的抽检合格率为 100%，位次第一、位于第一段。

截至 2020 年 1 月，清华大学新闻与传播学院有博士毕业生 148 人，包括国际博士生 14 人（分别来自韩国、加拿大、新加坡、巴基斯坦、哥伦比亚、泰国），此外还有中国台湾和香港地区学生 6 人。另有 8 位目前已经通过论文答辩（其中 3 位国际学生）。近年学院的国际化教育程度不断上升，博士生中的国际及港澳台生比例有所增加，目前在读博士生中占 22%。值得一提的是，学院始终严格遵守各项制度，目前博士生未能正常毕业人数（包括结业、肄业或退学）已达 39 人，占近 21%。因此，经过千军万马走过独木桥的博士生，能够经过拼搏顺利通过学位论文答辩并毕业的就少之又少了，实在是凤毛麟角！博士生毕业后签约高等教育和科研单位的比例占 8 成；在主流媒体就业的占 1 成，其他 1 成也就职于主流岗位。

学院经过十数年的建设，形成了具有国际视野、适应中国发展需要的人才培养理念和培养模式。2016 年清华大学对博士生招生制度进行了较大改革，以进一步适应高层次优秀人才特点和规律的选拔机制和模式。因此新闻与传播学的博士生招生从 2017 级起相应进行了改革，实行申请—审核制：学院依据考生申请材料的综合评价结果确定差额综合考核，经综合考核后择优推荐拟录取。培养环节也进一步规范化，修订了培养方案，加强了基础理论和方法的培养、研究和实践环节，同时在资格考试、开题、中期检查、预答辩、答辩、学位分委员会的审核等各环节都加大指导或把关力度。学院近年招生方向包括新闻与传播历史及理论研究、全球传播研究、广播影视传播研究、传媒经济与管理研究、新闻传播与社会发展、新媒体研究、中国特色新闻学等方向。最近正在规划未来的学科方向，计划进一步提升之前的学科方向，包括视听与创意传播、智能传播与科技应用传播等领域，包括健康传播、环境传播等方向的建设。相应地，也会进一步凝炼创新博士生招生的方向。伴随着清华大学人事制度的改革，2017 年以来获得指导博士生资格的教师，也不再按原先的"博导制"进行，原则上进入科研岗位的教师，不限职称都有资格指导博士生。这个改革大大增加了博士生指导教师的力量，中青年教师的加入催生了一股培养博士生的朝气和活力。学院拥有一批全国著名、国际有一定影响的学术带头人和学科骨干；拥有一支规模有限、优势突出、潜力巨大的一流师资队伍。

近年来学院的科研工作再上台阶，有力地推动了博士生培养的发展。在国家"十三五"期间（2016—2019 年），学院教师人均发表论文30 余篇，十多位长聘教授作为专家承担 12 项国家级重大项目、多项重点项目，基本做到教授"全覆盖"。人均学术成果数量与质量（SSCI、CSSCI 和引用率）、人均承担国家级课题、国家级重大课题数量在同行中均名列前茅。作为清华体量较小的学院，近 3 年学院承担国家级重大项目的总数，在清华大学文科院系位居第 2 位。同时，教师们还承担了多项来自国家多个部委、机构、相关产业部门的课题。丰富的科研项目，对于培养博士生的思想情怀、社会责任、科研素养、能力和水平，都起到了重要的作用。学院还开展了丰富多彩的学术活动和社会实践活动，活跃了学术气氛。学院每年开展的新闻传播博士生论坛，吸引了众多国内院校的博士生参加，还有跨学科的博士生和国外大学的学生投稿、参加，为博士生同学尽早进入学术圈提供了良好的氛围。

在人才培养方面，我们重视博士培养的宽基础、前沿性和国际化。

宽基础是指重视博士生培养的基础知识，要求博士生具有较为宽阔的学术视野，更加重视融合媒体时代的复合型学术人才的培养。博士生通过课程学习，专业论文发表和资格考试等多个培养环节，从中找到有一定学科跨度的研究志趣和选题，在这个过程中初步构建自身的多元复合学术背景。前沿性包括研究领域的前沿和选题的前沿性。我们注重和国内外新闻与传播业界紧密合作，努力将业界丰富的实践经验引入教学，培养具有良好分析和解决实际问题能力的人才。有计划地深入基层，进行社会调查，了解国情、社情和民情，以"实践为用"。开展为政府决策服务和传播界所关注的课题研究，并提供高水准的咨询与培训。学院努力以科学、严谨的方法，提供有实际价值的学术成果和供决策参考的系统化智囊意见，成为决策部门、业界和学术界的沟通与合作的桥梁。国际化则强调培养博士生的多元国际视野。学院博士研究生中，超过 60% 都有参加高水平博士海外交换项目的经验，曾在海外高校的相关院系从事一年以内的相关学习；部分博士生毕业后赴海外高校从事博士后工作，其后回内地或在香港地区高校任教。学院也在推动与世界一流高校形成联合培养博士生的战略合作。随着学院国际博士生规模逐渐扩大，来源既有欧美学生，也有日韩等周边国家的学生，还有巴基斯坦、肯尼亚等"一带一路"国家的学生，学院增加了英文博士生项目。

学院建院十八年来，始终奉行范敬宜老院长提出的"素质为本，实践为用；面向主流，培养高手"的办学理念，并形成了自己的学术文化，这在博士生培养中也产生了重要影响。学院推行"以人为本"的素质型人才培养策略，坚守严谨为学、诚信为人的学风和务实求真、追求完美的作风，鼓励努力学习和勇于创新，不断提高社会责任感，锻炼面对多变环境的适应能力，提倡团结协作、共同进步的团队精神。令学院欣慰的是，这些精神，在博士文丛中尽展异彩。

最后，感谢清华大学出版社的支持，感谢纪海虹主任的辛苦劳动。

陈昌凤

清华大学新闻与传播学院教授，常务副院长

2020 年 6 月 10 日

目 录

图目录

表目录

第一章　导论

　　导论部分介绍了本书的研究背景、研究目的、研究理论与研究设计。近年来，中国面临着一系列争议性的新兴科学技术问题，如厦门PX化工项目、核能议题、转基因问题等。这些问题涉及科学技术、社会问题、科学公共政策与国际态度等多个层面，具有重要性和复杂性。本书的研究聚焦于争议性科学技术的传播困境，特别关注媒体使用对公众态度造成的影响，以及传统媒体与新媒体环境的差异。社交媒体的运作方式与算法推送机制在此过程中扮演了特殊角色，导致了"公共领域"的特殊现象和群体极化现象，强化了舆论的同温层效应。此外，本书还研究了科学知识、信任、媒体报道、风险感知和虚假信息等多个因素对公众态度的影响。虽然过去的研究已经从多个理论视角探讨了争议性科学议题，如科学传播、风险传播、健康传播、环境传播等，然而这几个理论视角在争议性议题讨论中经常混淆不清。本书以转基因技术为案例，采用定性与定量研究方法，包括问卷调查法和深度访谈法来解决各章节所探讨的研究内容与研究问题。

第一节　新兴科学技术发展的重要性与争议性

互联网加速了科学技术的传播，让民众可以直接参与新科技的发展与讨论。然而，近年来许多与社会发展息息相关的科学技术议题却备受争议，包括厦门"PX"化工事件、核能议题、转基因问题、疫苗事件等。科学议题不再止于研究室的成果讨论，而是进入公共论坛中，成为科学公共事件，使公众可以更多地参与其中。与过去不同的是，科学技术在从研发到推广的阶段中，多了舆论力量的介入，民意与公众态度成为影响国家科学政策发展的关键因素之一。下面从几个争议性技术的发展与公众的态度来看科学技术所带来的社会问题与发展困境。

一、厦门 PX 项目事件

厦门"PX 项目"事件是指 2007 年福建省厦门市计划在海沧半岛兴建对二甲苯（PX）项目所引发的抗议事件。"PX"（P-Xylene）即对二甲苯，常用于生产塑料、聚酯纤维和薄膜等。一个国家 PX 的产量既是反映化工水平的标志，也是其工业发展的战略方向。PX 在生产过程中与石油是密不可分的，且需要大量用水，因此，PX 项目选址必须靠近炼油企业、PTA 工厂和沿海地区。

2006 年厦门市引进海沧 PX 项目，该项目号称是厦门"有史以来最大工业项目"。然而，2007 年 3 月，在全国人大、政协"两会"上中国科学院院士赵玉芬等 105 位全国政协委员联名签署了"关于建议厦门 PX 项目迁址的议案"，在提案中指出，"PX 属危险化学品和高致癌物"，强调 PX 项目存在破坏环境的风险（涂超华、赵玉芬，2007）。此提案最终未获通过立案，但此事却引起了媒体和民众的高度关注，也让"PX"

科学议题走进公共领域并备受议论。

在 2007 年 5 月底，厦门市民收到一则短信，内容是"翔鹭集团合资已在海沧区动工投资（苯）项目，这种巨（剧）毒化工品一旦生产，意味着厦门全岛放了一颗原子弹，厦门人民以后的生活将在白血病、畸形儿中度过。我们要生活、我们要健康！国际组织规定这类项目要在距离城市 100 公里以外开发，我们厦门距此项目才 16 公里啊！为了我们的子孙后代……见短信后群发给厦门所有朋友！"为抵制 PX 项目在厦门实施，短信号召市民在 2007 年 6 月 1 日以"散步"的方式，在厦门市政府门前表达反对意见。

"PX"在短时间内成为社会关注的热议话题，迅速在博客与论坛中扩散开来，只要与厦门 PX 项目有关的帖子，都会吸引数以万计的网民关注（邹倩芸，2013）。民众反对 PX 化工项目设址厦门的原因大多是担心 PX 的毒性可能会对人体健康造成伤害，以及 PX 生产过程可能会破坏厦门市鼓浪屿的生态环境。

在对厦门 PX 项目事件的讨论中，最大的争议点就是对于"PX"毒性的定义。网络论坛就"PX"属于剧毒还是低毒进行论战，甚至引发"百度词条保卫战"。2014 年 3 月，有网民将 PX 的百科词条从"低毒"改为"剧毒"，引起清华大学化学和化工系学生注意并进行 PX"低毒"定义保卫战，双方不断在百度上修改词条定义长达 120 小时。直到 4 月 4 日，由于清华化工系提交了官方的 PX 相关介绍，百度百科最终锁定 PX 词条在"低毒"属性上，论战才结束。

由于网络中针对 PX 项目的负面评论与谣言不断增加，加剧了厦门市民对 PX 项目的恐惧，反对声浪持续上升，最终迫使厦门市政府宣布暂停工程，将 PX 项目迁至漳州。然而，对于 PX 项目的抵制并未就此落幕，相关的抵制活动也陆续在宁波、大连、天津等地爆发。伴随着公众的环境维权意识增强，有关污水处理设施、垃圾焚烧厂建设等长久以来争论不休的科学公共话题也重新受到重视，舆论与科学政策发生新的碰撞。厦门 PX 项目事件成为中国公众"参与科学"的领头羊（王晶，2016）。

二、核能

核能（Nuclear Energy）是通过核反应从原子核释放的能量，核能可通过核裂变（较重的原子核分裂释放能量）、核聚变（较轻的原子核聚合在一起释放能量）、核衰变（原子核自发衰变过程中释放能量）三种核反应释放能量。核能被广泛运用到军事、能源、工业、航天等领域。除了核能发电外，核能技术也被广泛运用在非核领域，如辐射加工业、材料辐射改性、医用同位素与放射性药物、核农行业等（廖晓东、陈丽佳、李奎，2013）。

与传统的火力发电站相比，核电站具有十分明显的优势，可以有效改善能源供应结构。因为核能需要的燃料费用所占成本较低，所以不容易受到国际经济形势影响，发电成本相对比较稳定，可以有效缓解能源危机。此外，核能发电的无碳排放也能降低对环境的破坏，减少火力发电所产生的空气污染，不会加重地球的温室效应。

国家的核能发展具有重要战略意义。虽然中国是世界核电大国之一，但是和美国、俄罗斯、英国、法国等核工业强国相比，我国核电的总发电量比例仍相对较低（叶琳，2019）。2012 年国务院公布《"十二五"国家战略性新兴产业发展规划》，同年通过了《能源发展"十二五"规划》，两个规划都提出加速国家发展核能技术，促进核能产业的稳定发展。2016 年出台的《"十三五"国家战略性新兴产业发展规划》，强调了核能技术安全发展的重要性，政策关注重点是对运行与在建核电机组进行综合的安全检查。2021年国家能源局、科学技术部公布《"十四五"能源领域科技创新规划》，提出了"十四五"时期能源科技创新的总体目标，明确了在确保安全的前提下积极有序地发展核电。其重点任务包括：（1）围绕提升核电技术装备水平及项目经济性开展三代核电关键技术优化研究，支撑建立标准化型号和型号谱系；（2）加强战略性、前瞻性核能技术创新，开展小型模块化反应堆、（超）高温气冷堆、熔盐堆等新一代先进核能系统关键核心技术攻关；（3）开展放射性废物处理处置、核电站长期运行、延寿等关键技术研究，推进核能全产业链上下游可持续发展（国家能源局，2021）。从"十二五"到"十四五"时期，国家战略发展规划一直非常重视核能技术发展，要求全面落实习近平总书记提出的"理性、协调、并进"的核安全观，将核安全视为核能开发过程中第一目标。

任何科技发展都会存在其不可控的风险因素。核能技术虽能带来巨大产能，但核能在生产过程中也存在明显缺点，包括：生产过程会产生高低阶放射性废料，且使用过的核燃料具有放射性，须慎重处理；核电厂的投资成本相对较高；核电站的反应器内有大量的放射性物质，如果在事故中被释放到外界环境，就可能会破坏生态环境以及对民众造成伤害。

公众对核能发展的风险认知会直接影响公众对国家发展核能技术的态度（张慧、罗玲玲，2015）。尤其是近几十年来全球不断发生关于核能的意外事故，其中1986年乌克兰切尔诺贝利核电站事故和2011年日本福岛第一核电站事故最为严重（国际核事件分级表与核事故对应详见表1.1）。这加深了公众对于核能的恐惧，全球反核能声浪四起。也有国家因民意反对而停止扩建核电厂计划，甚至被迫关闭核电厂，寻找其他替代能源。

表 1.1　国际核事件分级表与核事故

分级	影响	时间	地点	著名事件
7	特大	2011 年 3 月	日本福岛县	福岛第一核电站事故
		1986 年 4 月	苏联乌克兰	切尔诺贝利核电站事故
6	重大	1957 年 9 月	苏联车里雅宾斯克州	克什特姆核废料爆炸事故
5	具有场外风险	1957 年 10 月	英国坎伯兰	温茨凯尔反应堆事故
		1987 年 9 月	巴西戈亚斯	戈亚尼亚医疗辐射事故
		1979 年 3 月	美国宾夕法尼亚	三哩岛核泄漏事故
4	场外无显著风险	1980 年 3 月	法国卢瓦谢尔	圣洛朗核电站事故
		1999 年 9 月	日本茨城县	东海村 JCO 临界事故
		2010 年 4 月	印度新德里	马雅普里放射性事故
3	严重	2002 年 3 月	美国俄亥俄州	戴维斯－贝斯核电站事件
		2003 年 4 月	匈牙利帕克斯	帕克斯核电站事件
		2005 年 5 月	英格兰塞拉菲尔德	塞拉菲尔德核电站事件
		2011 年 3 月	日本福岛县	福岛第二核电站事件
2	注意	1999 年 12 月	法国布拉伊	布拉伊核电站洪水事件
		2006 年 7 月	瑞典福斯马克	福斯马克核事件
		2008 年 4 月	西班牙加泰罗尼亚	阿斯科核泄漏事故
1	异常	2009 年 8 月	法国诺尔省	葛雷夫兰核电站事件
		2010 年 10 月	中国广东省	大亚湾核电站事件
		2018 年 3 月	英国塞拉菲尔德	塞拉菲尔德核电站污水事件
0	无安全顾虑	2006 年 12 月	阿根廷布宜诺斯艾利斯	阿图查核电站事件
		2008 年 6 月	斯洛文尼亚克尔什科	科斯克核电站事件
		2020 年 12 月	芬兰奥尔基洛托	奥尔基洛托核电站事件

纵观国际上多起人为与自然灾害造成的核电事故，经研究调查发现，因人为技术导致的核电事故会直接扩大公众的风险感知，自然灾害引起的事故则不会影响（Yamamura，2012）。2011 年福岛核事故发生后，益普索（Ipsos）于同年 4 月在全球 24 个国家、地区进行了大规模的问卷调查，在被调查的中国公众中，有 58% 的人对核能持有强烈的反对意见，在这些反对者中有 52% 的人反对核能的态度是在发生福岛核事故后才产生的（Ipsos，2011）。

不同的社会主体基于个体差异，对核能风险的认知与风险承担能力也存在明显不同，其中，影响公众对于核电厂的风险感知包括科学知识、心理、距离等因素（朱德米、平辉艳，2013）。公众对于风险的正确判断更受限于对技术专业知识的了解程度。过往许多研究都证实，科学家、专家在复杂技术的风险感知上与公众存在明显差异，例如：核电站（Sjoberg & Drottz-Sjoberg，1991）、纳米技术（Siegrist et al.，2007）、生物技术（Savadori et al.，2004）、转基因食品（Cook et al.，2004）等。佩科（Perko）将核能风险议题分为核废料、自然辐射、医疗 X 光、一般核事故、福岛事故 5 种，并对专家与一般公众进行调查，比较两类群体在核相关议题上的风险感知差异。研究发现，专家在自然辐射和医疗 X 光上的风险感知高于一般公众，但在核废料与核事故议题上的风险认知低于一般公众。研究认为，两者之间的风险认知差异与大众媒体报道有关系（Perko，2014）。

核能发展存在着核辐射、核泄漏与核废料处理等客观风险问题（Perko，2014）。国际媒体在核能议题报道上大多围绕着灾难、死亡和核能对环境与社会的破坏性等框架进行。这种叙事更容易引发公众对核能技术的担忧，扩大了核能风险认知（雷润琴，2008；Perko，2014）。公众感知到的灾害风险大小更会直接影响其态度（Viscusi & Zeckhauser，2006；

Kahn，2007）。相较之下，国内媒体在新闻报道方面更倾向于使用积极的而非消极的方式来进行，整体上是支持国家发展核能的立场（Wang，2014）。虽然我国公众对核能的科学认知程度不高，但对于核能发展总体上保持乐观态度，绝大部分受众认为核电发展利大于弊（张超、黄乐乐、任磊，2016）。邓理峰等人（2016）研究发现，在核电议题的科普过程中，如果同时强调核电的收益与安全性，会比仅仅单方面宣传核电的安全性更具有正向传播效果。从公众利益出发，宣传核电在雾霾治理与环境保护方面的效益更能提升公众对于核能收益的感知，进而提升核能发展支持度（邓理峰等人，2016；韩自强、顾林生，2015）。

我国在核能技术发展上始终以保障公众利益与维护社会安全为目标，近年来在政策上也致力于核能科普的宣传工作，增加公众在核能技术方面的专业知识。2015 年 11 月，国家核安全局制定了《环境保护部（国家核安全局）核与辐射安全公众沟通工作方案》及一系列工作指南，从科学宣传、信息公开、公众参与及核舆情应对 4 个方面加强核能安全沟通的宣导工作（任晓娜、王彦、陈法国，2018）。

三、转基因技术

转基因技术（Genetically Modified Organism，GMO）是指利用现代生物技术，将期望的目标基因经过人工方式分离和重组后，导入生物体的基因组中，进而改善生物原有的性状特征或给予新的优良性状。转基因技术被广泛运用到工业、渔业、畜牧业、生技医疗、疫苗研发与农业食品生产上。转基因技术发展已久，但近年来才成为公众关心的热门科学议题，原因在于科学家将转基因技术运用在粮食作物上，并欲进行商业化推广，这直接关系到大众的饮食健康问题，因而引发部分民众的疑虑与情绪，加上

2012年爆发的"湖南黄金大米事件"和2014年"崔永元赴美拍摄美国人不吃转基因食品的纪录片"等事件，导致公众对政府和科学家的不信任，甚至有媒体报道国内多位科学家在转基因技术相关的企业担任要职，这更是重创了科学家的社会形象，关于转基因技术的阴谋论层出不穷。

从国际趋势与国家政策上可以看出，中国发展转基因技术势在必行。以转基因大豆为例，国内种植大豆的历史非常悠久，对于大豆和大豆加工品一直有大量的需求，在1995年以前中国一直为大豆产品净出口国，属于世界上最大的大豆生产国和出口国。1996年之后，随着转基因大豆在美国、巴西、阿根廷等国家迅速商业化生产，我国非转基因大豆受到国外价格低廉的转基因大豆冲击，加上我国放开大豆市场取消进口配额，我国由大豆净出口国变成大豆净进口国。根据国家统计局和海关总署数据资料发现，我国大豆对外依存度相当高，从2014年以来进口数量不断攀升，其中，2020年更是进口10 032万吨大豆，首次过亿吨，详见表1.2。

表1.2　国内2014—2021年大豆进口数量与金额

时间	进口量		生产量（万吨）
	数量（万吨）	金额（元）	
2014 年	7 140	40 285 043	1 268.57
2015 年	8 169	34 769 084	1 236.74
2016 年	8 391	33 984 686	1 359.55
2017 年	9 553	39 637 651	1 528.25
2018 年	8 803	38 060 027	1 596.71
2019 年	8 858	24 371 133	1 809.18
2020 年	10 032	39 545 570	1 960.18
2021 年	9 652	32 172 108	1 640.00

数据来源：国家统计局和海关总署

国产大豆缺乏竞争力的原因，包括成本价格较高和出油率较低问题，国产大豆出油率大约在 17% 左右，进口转基因大豆出油率是 20%。面对大豆进口大于出口问题，国家开始投入转基因技术的研发，每年投入超过 200 亿元研究经费在转基因技术上，期望能解决国内对于大豆供不应求的问题。但伴随着网络中对于转基因技术的负面舆论，越来越多民众反对转基因技术与转基因产品的商业化，影响层面包括经济、食品安全、生物环境等，转基因技术也从科学问题上升到国家安全、人民食品安全等科学公共议题层面，"挺转"与"反转"派唇枪舌剑，都企图引导舆论，并进而影响国家政策。

在一连串事关转基因技术的公共争议浪潮中，面对民众的强烈质疑，科学家常常归咎于民众对科学缺乏认知与理解，认为这是民众对科技发展成果和产品产生抗拒与排斥的根本原因。这正是科学传播"缺失模型"（Deficit Model）的思路，即希望通过提高受众的科学素养，提升其对科学的理解和接受。

事实上，近年来我国对科普工作的投入在不断加大。科技部发布的《2020 年度全国科普统计数据》显示，截至 2020 年，全国已有超过 181 万的科普人员投入科普活动，共有 27.36 亿人次参与全国线下与线上各类科普活动；组织科普（技）讲座 84.66 万次，吸引 16.23 亿人次参与；举办科普（技）专题展览 11.01 万次，共有 3.20 亿人次参观。从国家"十三五"到"十四五"规划中更可以看出，我国致力于提升国家整体的科普环境，对于科普的经费预算也逐年攀升。为贯彻落实科普和科学素质建设的重要部署，国务院于 2021 年印发的《全民科学素质行动规划纲要（2021—2035 年）》明确指出，要普及科学知识，推动全民阅读的开展，至 2035 年公民具备科学素质的比例要超过 25%。由此可看出国家对科普活动与科学素养的重视。

科学与民意不断发生碰撞，网络已经演变成各方势力的竞争场所，也成为某些人传播谣言的主要途径。他们试图利用虚假新闻来引导舆论，影响国家科学公共政策以满足私利，尤其围绕转基因技术，近年来更是谣言四起。虽然有关转基因技术的正面科普宣传不少，但科普宣传对人们态度转变的影响，仍无法抵消谣言、假新闻和污名化带来的负面影响。与其他科学问题相比，尽管转基因技术也被列为国家重点发展的技术之一，但它的争论性非常突出，涉及的范围更广泛、利益团体和产业更加复杂。公众对转基因的态度已经不仅仅涉及科学知识，还牵涉到社会制度、风险管理、利益权衡、社会信任等问题。要厘清造成民意反对的原因，必须综观全面，深度解析、探讨。

因此，本书将以转基因技术作为分析案例来了解新兴技术在中国社会发展中为何具有争议性？从社会整体发展来看公众如何在网络、媒体中去建构自我的科学知识，媒体报道与网络舆论氛围又会如何影响公众？公众如何从社会环境的各种信息中去判断转基因技术的风险与影响？最终社会环境、科学素养、风险判断与信任又会如何影响公众的态度。

第二节　争议性科学技术的传播困境

本书从宏观理论出发，比较相关理论之间的异同，再深究微观的概念、变量测量，从整体到局部，全面分析影响公众对争议性科技的态度的结构性因素。综合国内外前沿研究，本书归纳出以下几点争议性科技的重点研究方向。

一、虚假信息的传播效果与路径分析

互联网提供了一个很好的科普传播环境，但同时也是孕育谣言的摇篮。国外已有多起案例证实，网络谣言、假新闻确实会对受众的态度产生影响。

《科学》杂志指出，假新闻（false news）传播速度是真实新闻的 6 倍，被转发的概率比真实新闻要高 70%，传播范围更广；假新闻的信源相对较少，往往是从个别用户开始，但引发讨论和转发数量却很惊人，远不止成千上万，而真实新闻的信源多，但平均都在 1600 名用户以下；假新闻的文本特征，是采用充满情绪化用语与诉诸情感策略来吸引受众关注（Allcott & Gentzkow，2017；Vosoughi et al.，2018）。

在互联网中，科技类假新闻的传播确实会扩大科学技术的不确定性，也会影响受众对科技的风险感知。Nyhan 和 Reifler（2015）研究发现，假如美国疾病控制与预防中心（Centers for Disease Control and Prevention，CDC）在网站上澄清流感疫苗会导致发病的谣言，虽会让民众相对而言不再相信那些谣言，但谣言所带来的争议和恐慌会让本来就担心疫苗有副作用的人更不想打疫苗。

反观国内亦是，尤其科技类的假新闻，包括转基因技术、核能、PX 项目、疫苗等这类"争议科技"更是谣言的受灾户。关于这类假新闻的内容、传播手法，不乏故意误植央视或其他媒体报道，如谎称转基因食品致癌、转基因导致广西大学生不孕不育事件、使用疫苗身亡事件，等等。假新闻的错误信息导致民众对科技、科学家甚至政府的疑虑逐年攀升，并且出现抵制行为，希望政府在政策上限制与削减争议科技的预算。这些，促使政府不得不开始重视科技政策的风险沟通（risk communication）以及公众的参与（public involvement in decision making）。此外，科技政策的决策过程与执行的透明度（transparency）、公众对科技风险的理解（public perception of risk）也成为政府施政的努力方向之一。

因此，国内外许多研究都在探究：网络中与争议性科技议题相关的假新闻是以什么样貌出现的？假新闻的议程设置者、信息传播源在哪里？假新闻的议程设置有哪些特征、属性？假新闻的传播路径与规律是什么？假新闻传播者之间如何被关联？假新闻的议程设置对于受众的影响效果如何？阅读、相信假新闻的受众有哪些特征？从这些问题入手分析网络环境中假新闻所带来的风险，进而提出应对风险防范策略。

二、社交媒体中的同温层现象

随着科技的发展与进步、社交媒体的演算法改变，公众在社交媒体上获得资讯时常出现以下两种状况：

（1）信息茧房（Information Cocoons）：社交媒体会吸引观点相同的人聚集在他们信念所在的"信息茧房"中形成群体，排斥其他意见相左者，不断加强既有观点，造成极端主义观点盛行，使公众理性讨论更加困难（Sunstein，2017）。例如转基因议题，在社交媒体中即形成两派观点，分别以挺转派的方舟子与反转派的崔永元为主，在社交媒体中两派各自有大批拥护者，但双方并未互动交流，造成两派人马在各自的"信息茧房"独自狂欢。

（2）媒体回音壁效应（Media echo chambers）：社交媒体会记录并分析公众的媒体使用、阅读习惯，随着演算法的改变，开始更多地推送公众感兴趣且与公众观点相近的文章。这样的推送会缩小信息范围并强化公众原有的信念，使公众变得更容易去忽视，或者根本不去正视相反观点。尽管科技发展带来前所未有的进步，但这也意味着科技流言和虚假信息能通过没有检查的网络，迅速以无法制止的动力扩散开来。

三、多维度探讨影响受众接受科技态度的因素

在社交媒体中，科技流言会直接影响公众对科技发展的态度，因此有必要针对科技流言进行风险管理。在讨论影响受众支持国家发展新科技的因素时，常涉及科学传播与风险传播理论，两者在多个影响态度的变量上有所交集并呈现差异。根据国外学者的总结，影响受众对生物科技态度的主要因素包含科学知识、信任、媒体报道和风险感知等（Brossard & Shanahan，2007）。需要注意的是，不同的理论和分析视角，在变量的概念定义与操作定义上通常会有所差异，具体差异如下：

（一）科学素养与科学知识的概念

科学素养是衡量国民科学素质的重要参考依据。但国际上针对科学素养一直未有明确概念，原因是对素养和知识本质的不同理解（金兼斌，2002），加上争议性科学技术有其自身的复杂性，且一般民众对于新兴科技又有陌生感，过往针对基础科学的科学素养量表难以测量公众对争议性科学技术的科学素养。由此，必须先厘清科学素养的概念化和操作化定义，并根据争议性科学技术发展制订相互应对的科学知识量表。

（二）个体心理差异对态度的影响

在研究影响受众态度的因素时，大多数学者都会考虑风险、信任、对科学权威的信任感、新事物恐惧症等变量（Bredahl，2001；Weigold，

2001）。其中，信任因素在探讨科技接受度上是重要的影响因素。在研究民众对争议性科技的态度形成时，更多学者会将制度信任与群体信任等因素纳入考虑（金兼斌、楚亚杰，2015）。国内对于信任的讨论大都聚焦于群体上的差异信任，而在国外研究中，则是关注在"信任转移（Trust shift）"上，这是指人对人的信任从地方式信任（Local trust，存在于小型、地方社群成员之间的信任）到体制式信任（Institutional trust，由下而上对领导者、专家和品牌的信任，并且贯穿对法院、监理机关和公司等机构的信任），再从体制式信任到分散式信任（Distributed trust，个人彼此间横向流动的信任，通过网络、平台和系统得以运作）的历史性信任演进，更多地从社会、文化变迁观点去探讨信任的变革。

（三）风险的多重维度

风险包括理解风险、科学不确定性、风险感知与风险利益。根据国际风险治理委员会（International Risk Governance Council，IRGC）的定义，风险是人们结合自身经历和从现实世界中观察到的信息，再经由心理层次的建构而来，故不同受众对风险可能有不同的心理建构，导致他们看待风险有所差异，继而影响他们考虑要选择或忽视的风险相关信息范围（IRGC，2005）。在风险沟通与风险讨论中，风险传播探讨重点聚焦于以下几个方面。

1. 科技风险决策过程导入公众参与模式

科技风险决策过程导入公众参与模式，可优化风险管理与风险沟通。风险社会的来临，给传统社会的风险管理机制带来了新的挑战。由于现代风险在本质和特征上与传统风险有了根本的差异，因此必须重新审视传统的风险管理体制，建立符合风险社会要求的新机制。欧美在科技风险决策过程中，导入精英政治和公众参与模式。前者指的是科学家基于自身的专业性，进入政治体系，提出政策建议、并参与政策制定、决策过程（Su et al.，2015）；后者指的是受众在科技政策决策过程中扮演的角色、参与的程度，更多研究关注受众对于自我的"决策权力意识"，其中，如果受众觉得自己的投入与参与不会被政府纳入考虑范围，受众对相关议题的参与性则不高（Brossard & Shanahan，2003）。

2. 研究受众的风险愿付价值与消费决策

面对科技风险的高度不确定性和不可预测性，研究受众的风险愿付价值与消费决策。引入经济学理论中的"风险愿付价值"概念，有别于以往传播学态度调查，利用"假设市场评价法"（Contingent Valuation Method）测出受众对科技风险的愿付价值，测量方法有"开放式询价法"（open-ended bidding，包括逐步竞价法、支付卡法）和"封闭式询价法"（close-ended bidding）两种方式。过去的研究就有针对消费者对于上市的转基因产品风险愿付价值测量。

3. 借鉴欧美科学流言的风险管理模式

分析欧美以科学为中心的风险管理中心（Risk management center）如何控制网络科学流言的风险形成，评估科学风险，善用科学媒体中心（Science media center，SME）进行风险沟通。让科普活动走进公众生活，建立社区科学工作坊（science workshops），提高公众科学素养，实现风险管理。欧美风险沟通模式大致有以下几个特点：

（1）培育"知情公众"（informed citizen）：知情公众即在充分了解真相的基础上开展公共讨论和公共参与的理性公民。在对公众科学素养和对争议性科学问题的科学知识、认知、态度和行为意向开展充分研究的同时，开展有效的"知情公众"公共传播运动，以切实提升公众对于争议性科学技术的了解和理性参与的公共讨论质量。

（2）建设风险治理中心（Center for Risk Management）：刺激风险的良性沟通，降低受众对风险、新科技的恐惧，如欧盟研究总部成立的

Athenweb 官方网站。

（3）成立科学媒体中心（Science media centre，SMC）：提高政府和主流媒体在争议性科学技术方面的公信力与实际传播效果，针对最新的科学议题及新闻提供相关的新闻稿或信息，将"正确"（accurate）及"以证据为基础"（evidence-based）的科学信息提供给新闻记者，让新闻记者可以更容易地获得最佳的科学观点，同时也让更多的科学家投入科学新闻议题中，走向民众。

（4）建设社区科学工作坊（Science Shop）推动科学普及：理念是为民众在科学的面向上赋权（empowerment），让科学深入到日常生活中。科学若要更亲近民众，就像在小区（community）中开设科学店铺一般，它所强调的就是一种"实战场"的科学知识。实战场中的科学知识处于一个广泛的社会文化脉络中，需要接受其他知识、情境及价值观的整合与挑战才能真正进入民众日常生活中。

第三节　争议性科技与传播理论

新兴科技在发展过程中之所以引起公众的关注与广泛讨论，是因为当今科技发展与公众生活越来越息息相关，甚至许多新技术的研发目的是以改善人类生活为目标，所以备受关注。但由于技术尚未成熟，因此在研究与发展的过程中会充满争议性。面对争议性科技议题时，诸多研究大都从科学传播（Science Communication）、风险传播（Risk Communication）、健康传播（Health Communication）、环境传播（Environmental Communication）等角度切入。这几个理论视角在争议性议题上常被混为一用，或者被笼统地归为科学传播。但实际上，这些研究领域有着不同的学术和理论渊源、研究主题（贾鹤鹏、苗伟山，2017），具体分析如下。

一、各种传播理论的不同渊源和研究主题

（一）科学传播

科学传播是科学哲学和科学史领域中一个新兴的研究领域，与传播学有密切关系（刘兵，2015）。一般是指向非专业人士介绍与科学相关议题的大众传播，研究对象是与科学、科技相关的传播行为，以及传播科学知识中人与社会所建立的关系。科学传播发展可分为传统科普、公众理解科学和公众参与科学三个阶段（金兼斌等人，2018）。传统科普阶段倡导自上而下的宣传教育，发展重点在于提高全国公众的科学素养；公众理解科学阶段则是集中研究如何激发公众对科学的兴趣，在前期传统科普提升科学素养阶段的基础之上，逐渐培养公众对科学家和科学权威的信任感；公众参与科学阶段，即开始强调公众的"参与"（王玲宁，2018）。

（二）风险传播

风险传播的定义可以分为广义与狭义两种。广义的风险传播是泛指对风险评估和风险预防内容的报道，还有对紧急应对和灾后重建内容的相关报道。狭义的风险传播则是指在风险尚未演变成实际灾难之前，对可能发生的风险情况进行描述、评估、管理和传达风险信息的过程，其重点在于传递有关"风险"的信息（Kim et al.，2017）。其中，风险沟通概念又与危机传播理论在观点发展与研究实践上有交叉。

（三）健康传播

健康传播是传播学的一个分支，概念最早在 1994 年由美国学者罗

杰斯（Everett M. Rogers）所提出并定义。罗杰斯（1994）认为，健康传播的目的是将医学研究成果转化为群众健康知识，并改变群众态度和行为，从而使疾病患病率和死亡率下降，有效地提高公众生活质量和健康水准。健康传播也和公共卫生流行病学研究领域有交集，属于预防医学的关键一环，研究通常需要用到大量的统计学知识和计量技术。也有定义说，健康传播是指公众通过各类渠道，运用各种传播媒介和方法为了维持和促进健康的目的而制作、传播、分享健康信息的过程。健康传播研究的议题涉及相当广泛，但大部分都集中在公共卫生知识领域，包括以艾滋病预防为主的疾病预防，也包括预防药物滥用、医患关系研究、生育计划、癌症的早期发现、戒烟等内容（Thomas，2006；程曼丽、乔云霞，2013）。

（四）环境传播

相较于科学传播、风险传播与健康传播理论，环境传播是一门较新的学科。环境传播主要以新闻传播学和科学传播为依托，但它具有综合性交叉学科的特征，其研究领域及议题广泛、多样。罗伯特·考克斯（Robert Cox，1998）在《环境传播与公共领域》中提出环境传播的理论定义，认为环境传播构建公众对环境信息的接受与认知，是帮助公众了解环境以及人与自然界之间的关系的一种实用性工具（pragmatic vehicle）和建构性工具（constitutive vehicle）。环境传播用来凸显环境问题，建构了不同社会主体之间的环境争议，并呈现环境问题背后的符号意义（Cox，2015；刘涛，2016）。

二、各种传播理论的不同切入点和关注主题

科学传播、风险传播、健康传播和环境传播在争议性科学技术的讨

论上，各有不同的切入点与关注主题。总体来说，科学传播重点在于讨论公众对科学的参与性、科学素养和科技行为与态度；风险传播主要关注风险感知、风险沟通和风险管理；健康传播则注重公众的健康行为和素质、媒介内容对健康行为的影响以及健康营销等（贾鹤鹏、苗伟山，2017）；环境传播则是关注环境对社会和公众的影响。

（一）科学传播与风险传播的概念差异

在争议性科技的研究上谈及最多的理论还是科学传播和风险传播。因此，本书在讨论上也重点关注这两个理论的发展趋势及理论问题。科学传播和风险传播在研究主题、理论发展、概念定义上有明显的差异：科学传播主要强调科学原理、技术、成果、方法理念乃至科学精神，通过科学共同体来进行传播，从而普及科学知识（Miller，1983）；风险传播则注重个人、群体或机构对科学风险（可能存在的风险）在信息与意见交换上的互动过程，以此来减少损失和降低恐慌（Beck，1992；McComas，2006；曾繁旭、戴佳，2015）。

在基于社会科学的角度对转基因技术和产品进行相关论述中，不乏用科学传播或风险传播理论来分析探讨受众态度形成机制的研究。需要注意的是，不同的理论和分析视角对于影响态度的各个因素在概念定义与操作定义上通常会有所差异。

（二）科学传播与风险传播对于科学知识定义的差异

科学传播与风险传播都涉及科学知识与态度的关系问题，也都以影响受众作为传播之旨归，但两者在科学知识的定义以及对知识和态度关系的解释框架方面则有所差异。科学传播以科学普及为主体，旨在提高受众的"科学素养"，通过各种传播方式将知识有效地传递给受众，进而改变其态度（Miller，1983）。这也呼应了国内大部分科学家在讨论转基因议题时所持的立场，即将受众排斥转基因食品归因于对科学事实的不了解，因此希望大力推动科普工作，提升民众整体科学素养（贾鹤鹏、范敬群，2016）。在科普活动中所强调的科学知识，常常侧重科学原理。以转基因技术为例，科学家不断在媒体报道、科普过程中向民众灌输和阐述转基因技术原理、基因重组技术、转基因作物 DNA 性状等。

与之不同的是，风险传播把知识作为"风险认知"的基础，认为个体在判断争议性科技对自身或社会的影响时，是以自身对知识的了解程度作为参考依据并以此来降低认知风险，最终影响其态度（Kinsella，2010）。在风险传播中，对于转基因知识更加偏向社会性、实务性问题，如转基因技术的发展现状、转基因食品的安全性、转基因技术对社会的影响等。在风险传播中，受众对于科学知识的需求更加急迫，所需的知识相对更加贴近生活。

两者在研究影响受众态度的因素时，也共同考虑到了社会心理因素（Weigold，2001），包括风险、信任、创新精神（innovativeness，即对新科技的接受度）、新事物恐惧症等变量（Bredahl，2001），但在相关理论关系探讨上有一定差异。

在对风险的讨论上，科学传播将风险视为科学的一部分，认为受众在科普活动中需理解"风险"和科学的不确定性（英国皇家学会，2004）。如在转基因议题的讨论中，科学家认为，受众需要理解任何食物都存在风险，而不仅只有转基因食品具有风险性，因此民众对零风险的追求是不切实际的。他们期望受众从科学角度来看待转基因食品，降低对"风险"的敏感度（Cook，Pieri & Robbins，2004）。

而风险传播则是将风险概念细化、深化，强调风险本质上是一种主观感知，一切争议性科技都存在"未知风险"，并提出"风险感知"与"风险利益"等概念（Beck，1992；曾繁旭、戴佳，2015）。在转基因议题中，风险传播更看重受众所感知到的风险（Bredahl，2001），并试图分析民众所感知到的风险的强弱，且又是如何借由媒介、意见领袖或其他渠道而扩大或缩小的（Wilson et al.，2004）。

（三）科学传播与风险传播共同涉及的讨论主题

信任在科学传播与风险传播中是重要的心理因素。在考察民众在风险社会中对争议性科技的态度形成和风险感知时，都会将信任关系，包括对制度的信任，对科学家、媒体、意见领袖的信任等纳入影响因素予以考虑（金兼斌、楚亚杰，2015；游淳惠、金兼斌、徐雅兰，2016）。除上述个体知识、心理因素外，在科学传播与风险传播研究中，对于外在环境——如媒体报道、社交网络、他人态度——对态度的刺激，也都有涉及。

综上，科学传播与风险传播在研究主题、研究方法、研究对象上，特别是在科学知识、风险、信任、媒介报道、受众态度等变量对受众态度的影响关系假设上，都有异同和交叉。其中，尤其值得关注的是知识和态度之间的关系，以及调节或中介两者之间关系的各种关键因素。

从上述理论分析不难看出科学传播与风险传播在理论上的重叠与交叉。本书也将从此出发，通过理论与理论之间的对话，去厘清在争议性科技传播过程中涉及的重要概念，在理论上的概念化定义与操作化定义的差异套用在争议性科技传播的路径上是否具有适用性。

第四节　研究对象与研究设计

为兼顾理论与实务，在研究路径的选择上，本书采用多元混合研究方法，即量化与质化方法的结合，包括问卷调查法、内容分析法和深度访谈法等方式，借以集思广益，以求能厘清科学传播发展过程中的影响因素。

具体研究方法以量化研究中的问卷调查法为核心基础，深度访谈为辅，用来深化问卷调查和补充本研究的力度，利用两种不同研究路径分析工具进行交叉验证分析（cross-validate）。通过数据验证（data triangulation）和理论验证（theoretical triangulation）对研究问题进行交叉分析，方能提高研究的信度与效度（Patton，1990）。

在数据搜集和研究步骤方面，利用网络问卷调查法，获得量化数据，建构网络知识对受众态度的影响模型。为了确保问卷调查的量表具有信度和效度，在进行问卷施测之前，本研究先进行了专家访谈，这一方法旨在利用质性访谈数据，明确并定义变量的概念和测量方式，包括转基因科学素养测量、制度信任和社会网络环境的维度。问卷题目的量表设计，通过文献回顾和整理专家访谈的建议而成，最后再辅以面向公众的深度访谈资料，借以回答问卷调查不足之处，并深度了解数据背后的意义。

在资料分析方面，采用量化的频数统计、交叉分析、相关分析和回归分析，以求能看出网络时代下，受众科学知识建构组成因素与知识建构如何影响受众的行为态度。本研究利用结构方程模式进行理论模型的验证，随后再分析深度访谈的质化数据，回应并补充理论模型，结合定性和定量数据来完善网络知识建构理论。

在理论建构方面，参考巴顿（Patton，1990）的理论验证原理，尽可能纳入多学科和范式不一样的观点，针对个别概念，进行东西方的文献对比分析，期望结合多元观点和理论进行对话，在此基础理论上阐发结论，提升数据资料分析的信度与效度。

一、深度访谈法

在深度访谈中，本研究分为三部分。第一部分为针对专家学者，目的为考察、研究转基因科学素养量表的严谨性，厘清在转基因议题讨论上所存在的问题；第二部分为媒体访谈，分析当前媒体报道所存在的问题，以及媒体所感受到的公众对转基因的态度氛围；第三部分为公众访谈，本研究为面向公众的测量，利用深度访谈方式能更了解受众对于转基因知识建构的过程和对转基因技术的态度，以弥补定量调查研究的不足。

深度访谈的优点是提供丰富且详尽的数据资料。与传统的调查法相比，深度访谈对于敏感性的议题能提供更精确的答案。受测者与施测者间的关系使访谈更容易问到敏感的话题（Roger & Joseph，2010）。在访谈的对话过程中，施测者与受测者之间是一种特别的"伙伴关系"，彼此平等地共同建构出一个事实或意义（Crabtree & Miller，1999）。

深度访谈乃是定性研究所采取的研究方法之一，属于典型的非随机抽样。深度访谈强调受测者是"在自然情境下，通过与施测者双向沟通的互动过程收集有关口语与非口语的信息，以便深入地全面理解研究的现象"（潘淑满，2003）。

深度访谈大致可分为无结构式访谈（或非标准化访谈）、结构式访谈（或标准化访谈）及半结构式访谈（或半标准化访谈）等方式。在访谈过程中，结构式访谈容易失去深入探讨的机会，因此本研究采用半结构式访谈法，事先拟定相关主题让受测者准备，并依照受测者身份、受教育程度、所学专业的不同而去设计相关适合题目。在访谈过程中，随时依受访者情境与谈话内容作调整，秉持开放与弹性的原则，提出更深入的问题。

（一）专家访谈

在专家访谈方面，样本选取已投入转基因技术研究的专家，以确保能对转基因科学素养量表作出适当修改建议，并回答转基因技术讨论中的争议性问题。在深度访谈中，受测者的抽样框依据的是国内参与"2016 年—2020 年转基因重大专项课题"的相关单位。

在 2016 年 3 月的科学家邀访过程中，我经常遭到拒绝。这种拒绝的原因和当时转基因技术讨论氛围有关。网络上关于转基因技术的讨论既有正面也有负面，如果有人在网络上发言，很快就会被网民"贴标签"，然后遭受反对方的批评和挞伐。因此，这造成许多科学家不愿意多表态，甚至面对转基因技术的谣言选择回避不表态。对于部分科学家来说，转基因技术的讨论已经趋向不理性，科学家担忧出来解说转基因相关原理或澄清谣言就会被贴上"挺转"或"反转"标签，遭受批判或污名化。

部分科学家不愿意正面面对公众，不愿意公开讨论转基因议题，认为只要做好科学家的研究工作即可，对于公众的疑虑，他们不需要负起解说的责任。更有科学家认为转基因知识太难理解，很难对普通公众作说明。诸多因素造成约访不顺利，通过对科学家拒绝访谈原因的整理，也可以看清国内科学家在转基因议题讨论中缺位的问题。

本研究的深度访谈对象为中国农业科学院生物技术研究所林敏教授和清华大学生命科学学院教授（匿名）。林敏教授在转基因议题讨论方面具有重要影响力，并被贴上"挺转"斗士标签。面对公众或"反转"人士所提出的转基因问题，他愿意挺身而出，以科学原理角度回应和破除所有谣言。林敏曾任"十五"国家"863"计划生物领域生物工程技术主题专家组专家、国家自然科学基金委员会第十一届生命科学部评审组专家。

另外，愿意接受访谈的生命科学学院教授则表示，非常愿意解答转基因的专业知识问题和相关疑问，但是不愿意公开身份。受限于当前转基因技术讨论氛围的不理性，不论科学家态度如何，都会受到另一方的严厉抨击。

在专家深度访谈题目设计上，主要围绕对于公众的转基因科学素养测量方式、当前转基因争议问题和受众易混淆的概念。访谈主题包括转基因研发和产业、转基因生物安全管理、转基因技术的舆论环境、转基因科学素养、媒介报道、科学信任和科普发展建议等。详细访谈题目见表1.3。

表1.3 专家访谈题目

访谈维度	题　目
转基因研发和产业	（1）如何看待2015年美国通过的"三文鱼"商业化事件？我国转基因"技术"和"政策"发展与国外的差距？
转基因生物安全管理	（2）在美国转基因技术受食品与药物管理局（FDA）监管，且受美国民众信任。我国转基因生物安全行政管理体系是如何构架的？转基因生物技术如何被监管？ （3）转基因作物环境安全性评价有哪些基本原则（科学原则、比较分析原则、个案分析原则，其他还包括预防原则、熟悉原则、分阶段评价原则等）？科学家对于转基因技术的可靠性和安全性有多少把握？
转基因技术的舆论环境	（4）民众对转基因技术主要的疑虑有哪几点？这些疑虑受哪些因素影响（媒体的不利报道、转基因技术的谣言传播）？ （5）在转基因技术的讨论中，不乏有许多虚假报道，包括国内的"先玉335玉米致老鼠减少、母猪流产""广西大学生精子活力下降"，您如何看待关于转基因技术的谣言事件？如何有效遏止这些谣言？ （6）转基因技术的舆论环境可分为"挺转"和"反转"。其中，"反转"可分为组织（传统产业的农药、化肥、有机食品业、绿色环境保护组织）和个人（崔永元），除此之外，还有哪些组织或个人？面对这些"反转"组织和个人，应该如何有效沟通？
科学素养	（7）对民众转基因知识的测量建议：民众应该具备哪些转基因相关知识才能客观、理性地讨论转基因议题？ （8）我们团队在2014年和2015年进行了两次问卷调查，发现"民众的科学素养提高有助转基因的理性讨论"。您认为，如何才能有效提升民众的科学素养？

访谈维度	题　目
媒介报道	（9）您所感受到的媒体对于转基因的报道是怎样一个情况？互联网和传统媒体（报纸、广播、电视）报道有哪些差异？ （10）为了让新闻内容能更加客观公正，媒体在报道时应该具备哪些科学素养？ （11）转基因技术的发展需要良好的社会氛围，而这种社会氛围需要科学家和媒体共同营造。您如何看待现今科学家和媒体的相处模式（回避、被动、主动、掉入陷阱）？您如何看待科学家面对媒体的沟通能力？如何才能和媒体进行有效沟通？ （12）面对民众的困惑，科学家应该如何回应（直接面对、在微博上回应、只报告研究结果、借由媒体发声）？
科学信任	（13）您感受到的民众对"科学"（坚信科学能解决转基因存在的风险和问题）、"科学家"（科学家的品性、社会责任）和转基因技术相关管理机构的信任是一个怎样的状况？应该要如何做才能改善、建立信任？
科普发展建议	（14）您认为如果要提升民众对转基因技术的支持，应该先对哪些人进行科普宣传？针对不同的民众，科普宣传有什么差异性？ （15）面对转基因相关技术的发展，科学家除了研究外，站在道德、社会层面和国家利益上考虑，您认为在理想的情况下，科学家应该有哪些职责？应该做什么（接受媒体采访、回应舆论、澄清谣言）？

（二）媒体访谈

在媒体访谈对象方面，选择的是果壳网主编徐来和果壳网副主编、科学松鼠会成员吴欧。徐来曾供职于《东方早报》《新京报》，现任果壳网主编，主持果壳网专业科技编辑团队；吴欧在媒体任职长达 20 年，曾任《生命世界》编辑部主任、《国家地理》中文版的主编助理，现任果壳网副主编、《科学人》网站主编。访谈主题为媒介对转基因技术的报道、科学家和媒体关系、媒体信任和科普建议等。详细访谈题目见表 1.4。

表 1.4　媒体访谈题目

访谈维度	题　目
媒介报道	（1）现今媒介对转基因技术的报道，如何影响受众？果壳网在转基因议题上有丰富的报道和网络谣言澄清，果壳网编辑如何选取谣言作澄清？判断谣言影响力的依据是什么？ （2）果壳网优势：您认为现在媒体在转基因议题报道上存在哪些问题？为了让新闻内容更加客观公正，媒体在报道时应该具备哪些科学素养？果壳网在新闻报道上的优势（成熟的编辑体系：都具有自然科学背景、专家资源、完善的编采流程）？
科学家和媒体	（3）面对转基因相关技术的发展，科学家除了研究外，站在道德、社会层面和国家利益上考虑，您认为在理想的情况下，科学家应该有哪些职责？ （4）转基因技术的发展需要良好的社会氛围，而这种社会氛围需要科学家和媒体共同营造。您如何看待现今科学家和媒体的相处模式（回避、被动、主动、掉入陷阱）？您如何看待科学家面对媒体的沟通能力？如何才能和媒体进行有效沟通？
科学信任	（5）在转基因议题上，您感受到的民众对"科学家"（科学家的品性、社会责任）、政府管理机构、其他媒体和果壳网的信任是一个怎样的状况？应该要如何做，才能改善、建立信任？
科普发展建议	（6）您认为如果要提升民众对转基因技术的支持，应该先从哪些人进行科普宣传？针对不同的民众，科普宣传有什么差异性？

（三）公众访谈

据过去研究可以看出，受教育程度对于受众的转基因知识和态度皆有所影响（Zhong et al.，2003；项新华、张正、庞星火，2005；Miller，2006；Brossard & Nisbet，2007；唐永金，2015）。因此，在公众访谈对象选择上，主要访谈对象的学历在本科及以上，包括本科、硕士和博士生（公众访谈名单见附录一），目的是为了解在这群拥有一定科学素养的学生当中对于转基因技术的认知和态度存在怎样的差异。

本研究面向公众的深度访谈共访谈 45 位学生，访谈对象包括本科生、硕士生和博士生，在学科专业上涵盖理学类、工学类、农学类、医学类、人文科学类、社会科学类、艺术类、生物类等，借此比较不同专业对于转基因技术信息获取渠道、信息信任和态度的差异。受访者资料和访谈时间见附录二。

面向公众的访谈主要包括受众对转基因技术的知识了解、转基因技术相关信息来源、个体感知社会网络中对于转基因技术的态度氛围和对政府、科学家及信息来源的信任程度与原因。访谈题目见表 1.5。

表 1.5　公众访谈题目

访谈维度	题　目
转基因知识	（1）你认为什么是转基因技术？你支持或反对转基因技术，原因是什么？如果通过国家安全认证的转基因食品，你是否愿意购买？为什么？印象中对于转基因食品的正面或负面报道有哪些？
信息来源	（2）你获取转基因技术的资讯渠道有哪些（媒体、网络、微博、微信、家人、朋友、学校教育）？是否能说明，在这些资讯来源中，对于转基因技术的叙述是怎样的情况（例如，介绍转基因哪些知识，正面、负面）？你是否认同这些观念？
社会网络环境	（3）你所感受到的媒体对转基因技术的报道是怎样的情况？你觉得对于网络上关于转基因技术的讨论，身边的家人和朋友的态度如何（支持或反对），原因？
信任	（4）在转基因议题上，你是否信任政府（和转基因技术相关的管理机构）、科学家（如研究能力、科学家的品性、社会责任）和媒体（对转基因技术的报道）？为什么？

二、问卷调查法

问卷调查法是通过一个标准刺激（如问卷），施予一群具有代表性的受测者所得的反应，据以推估总体对研究问题的态度或行为反应。问卷调查法除使用在学术研究方面，更被大量用在民意调查、消费者行为搜集、营销研究等各种应用领域（邱皓政，2002）。

问卷调查法是资料搜集重要且有用的方法，更是媒介研究中广泛被使用的方法。调查研究包括几个步骤：施测者要决定使用分析性或描述性的方法，并定义研究目的；回顾并整理研究领域中可利用的文献资料、选择调查路径、问卷内容设计、样本抽样框设计并对数据进行分析解释，最后发表研究结果。

（一）抽样方案设计

本研究的数据来源于清华大学新闻与传播学院媒介调查实验室执行的"2016年转基因相关技术和产品的认知、态度及行为调查"，采用网络问卷调查（调查问卷见附录二）。调查时间从2016年3月3日到3月14日止，共计12天，有效问卷共1 235份。本研究通过1 235名中国互联网网民构成的概率样本进行无提示自我评价报告（self-report）调查，考察网络知识建构对公众态度的影响。研究样本为中国（未包括港、澳、台三地）18岁以上的网民个体。根据中国网络信息中心（CNNIC）发布的《第37次中国网络发展状况统计报告》（截止日期为2015年12月，以下简称为CNNIC第37次报告，2016），符合上述要求的调查对象总体为6.88亿。在95%置信度、最大理论估计误差绝对量为2.531%、相对量为5.062%的情况下，确定本调查目标总体规模为1 500个，抽样比例为0.000218%。

在抽样方案的选择上，为保证样本对网民总体具有一定的代表性，样本须覆盖中国 31 个省、自治区、直辖市。因此，本调查采用非概率抽样方法。其中，抽样层集（stratum）为性别、受教育程度和省份（自治区／直辖市），采取按总人口比例的策略，以 CNNIC 第 37 次报告的分省网民规模数据作为分层依据（见表 1.6、表 1.7），确定男女性别比例、受教育程度和各省（自治区／直辖市）网民比例与抽样数量，随后在各层集内进行简单随机抽样。

表 1.6　性别与教育分层随机抽样方案

子　类		占　比（%）	配额样本数
性别	男性	53.60	643
	女性	46.40	557
受教育程度	小学及以下	13.70	165
	初中	37.40	449
	高中／中专／技校	29.20	350
	大专	8.40	101
	大学本科	11.20	135
年龄	18 岁以下	6.1	75
	19~30 岁	48.5	599
	31~40 岁	25.7	317
	41~50 岁	11.4	141
	51~60 岁	3.4	42
	61 岁以上	4.9	61
专业方向（配额样本数 252 人与教育程度有关）	理学类	26.2	66
	工学类	21.8	55
	农学类	2.0	5
	医学类	9.1	23

子　类		占　比（%）	配额样本数
专业方向（配额样本数252人与教育程度有关）	人文科学类	11.5	29
	社会科学类	6.7	17
	艺术类	2.4	6
	生物类	4.8	12
	其他	15.5	39

表1.7　地域分层随机抽样方案

地域	样本量	百分比（%）	地域	样本量	百分比（%）
北京	29	2.39	内蒙古	22	1.83
上海	31	2.58	宁夏	6	0.47
广东	135	11.29	湖北	47	3.96
福建	46	3.85	吉林	23	1.91
天津	17	1.39	黑龙江	30	2.48
浙江	63	5.22	广西	35	2.95
辽宁	48	3.97	西藏	2	0.21
江苏	77	6.42	湖南	47	3.90
新疆	22	1.83	安徽	42	3.48
山西	34	2.87	四川	57	4.74
青海	6	0.46	河南	65	5.38
河北	65	5.42	甘肃	17	1.46
海南	8	0.68	贵州	23	1.96
陕西	33	2.74	云南	31	2.56
山东	83	6.96	江西	31	2.56
重庆	25	2.10	／	／	／
总计				1200	100.02

（二）样本构成和加权

在 2016 年之前，中国内地在科学传播领域中，对于公众的网络知识建构和转基因科学素养的相关研究甚少，本研究作为一个初探性研究调查，在学术上具有相当程度的意义。回收样本结构对比 CNNIC 第 37 次报告，调查回收的样本在性别的调查上与 CNNIC 报告的性别、受教育程度和地域分布比例大致相同。详见表 1.8 和表 1.9。

表 1.8　样本的性别、教育分布

	子　类	样本量	百分比（%）	总体百分比（%）
性别	男性	662	53.6	53.60
	女性	573	46.4	46.40
	总计	1235	100.00	100.00
受教育程度	小学及以下	173	14.0	13.70
	初中	452	36.6	37.40
	高中／中专／技校	358	29.0	29.20
	大专	102	8.3	8.40
	大学及以上	150	12.1	11.20
	总计	1235	100.0	100.00

表 1.9　样本的地域分布

地域	样本量	百分比（%）	总体百分比（%）	地域	样本量	百分比（%）	总体百分比（%）
上海	51	4.1	2.58	西藏	3	0.2	0.21
山东	83	6.7	6.96	河北	65	5.3	5.42
山西	35	2.8	2.87	河南	65	5.3	5.38
广东	137	11.1	11.29	青海	7	0.6	0.46
广西	35	2.8	2.95	重庆	25	2.0	2.10

地域	样本量	百分比（%）	总体百分比（%）	地域	样本量	百分比（%）	总体百分比（%）
云南	32	2.6	2.56	陕西	34	2.8	2.74
浙江	65	5.3	5.22	内蒙古	22	1.8	1.83
天津	18	1.5	1.39	海南	8	0.6	0.68
北京	29	2.3	2.39	湖北	47	3.8	3.96
四川	58	4.7	4.74	湖南	47	3.8	3.90
宁夏	6	0.5	0.47	黑龙江	30	2.4	2.48
甘肃	17	1.4	1.46	新疆	22	1.8	1.83
吉林	23	1.9	1.91	福建	47	3.8	3.85
安徽	42	3.4	3.48	贵州	24	1.9	1.96
江西	31	2.5	2.56	辽宁	49	4.0	3.97
江苏	78	6.3	6.42	—	—	—	—
总计					1235	100.0	100.02

（三）变量测量

1. 转基因技术的科学素养

在转基因技术的科学素养测量上，目前学术界并无统一量表。本研究通过文献分析法，发现目前对于转基因的知识测量，多是让受测者自评对转基因技术的了解程度，在少部分转基因知识量表中涉及和基因工程相关的知识题（Kamaldeen & Powell，2000；Chern & Rickertsen，2001；Zhong et al.，2003；项新华、张正、庞星火，2005；黄季焜、仇焕广等人，2006；Brossard & Nisbet，2007；唐永金，2015）。

在综合多方问卷资料，并与专家深度访谈后，本研究设计了一个转基因知识量表，并将量表分为三个维度，分别是："科学原理"，测量受众对于转基因技术基本原理的了解；"转基因技术发展现状"，即对转基因技术发展现状的了解；"社会影响"，即转基因技术对社会的影响、转基因技术发展的目的。变量测量维度设计概念包含了米勒（Miller，2006）对于科学素养定义的概念：科学知识、科学方法以及对科学与社会关系的理解。

转基因科学素养量表中所施测的题目参考来源有据，每道题目都经过前人研究施测后，再进行词语的修改，然而，目前并未有完整的转基因科学素养的量表可供参考修改。因此，本问卷设计完成后，即进行专家深度访谈，访谈对象是在转基因研究领域的权威科学家（中国农业科学院生物技术研究所林敏教授和清华大学生命科学学院某教授）。

在深度访谈中专家指出，受众对于转基因知识的了解确实会影响其态度，因此有必要针对受众的转基因知识进行一个客观测量。根据转基因技术专家建议，转基因科学素养量表的设计必须包含以下几点：第一，传统食品也具有风险性，传统食品的基因是如何进行转变的；第二，转基因技术推广的必要性及其发展所面临的困境；第三，转基因技术的基本原理；第四，转基因食品的安全评价问题；第五，转基因的标示问题。经过专家建议并再次修改问卷内容和词意表达，目的就是希望能对广大公众的转基因科学素养进行全面性和完整性调查。题目设计如表 1.10 所示。

表 1.10 转基因科学素养量表

维度	题　目
科学原理	（1）请告诉我们您对下列名词或概念的了解程度。（单选：1 从没听说过、2 不太了解、3 基本了解、4 比较了解、5 非常了解）杂交育种技术、转基因技术、农业生物技术、转基因食品

维度	题　目
科学原理	（2）请您判断下列说法是否正确。（单选：①正确、②错误、③不知道） a. 孩子的性别是由父亲的基因决定的 b. 转基因番茄中含有基因，但普通番茄中不含基因 c. 一个人吃了转基因食物，他／她的基因会发生改变 d. 把动物基因转入植物体中是不可能的 e. 把鱼基因转入番茄中培育出的转基因番茄会有鱼味 f. 人类基因组与大猩猩基因组相似度为98% g. 所有的生物都是由细胞组成的 h. 转基因技术是把已知的优质基因导入生物体基因组中。 i. 经过许可的转基因作物的食品风险并不会比传统育种作物大 j. 转基因作物和传统杂交作物都是通过基因变化所产生的育种
转基因技术发展现状	（3）就您所知，迄今为止我国批准商业化种植的转基因作物是？（可复选） 油菜、番茄、棉花、大蒜、番木瓜、大豆、土豆、杨树、玉米、水稻、小麦、白菜、甜椒、甜菜、南瓜、其他、不知道
	（4）就您所知，迄今为止我国批准进口用作加工原料的转基因作物有？（可复选） 油菜、番茄、棉花、大蒜、番木瓜、大豆、土豆、杨树、玉米、水稻、小麦、白菜、甜椒、甜菜、南瓜、其他、不知道
	（5）就您所知，我国是否允许转基因粮食作物种子进口到境内种植？（单选：①是、②否、③不知道）
	（6）下列企业中，您听说过与转基因技术相关的企业有哪些？（可复选） 孟山都、杜邦先锋、光明乳业、伊利乳业、丰乐种业、隆平高科、厦门国贸、华立药业、通威股份、其他、不知道
	（7）就您所知，我国对市场上销售的转基因食品如大豆油、油菜籽油及含有转基因成分的调和油，是否有强制规定必须标识转基因？（单选：①是、②否、③不知道）

维度	题　目
社会影响	（8）请告诉我们您对以下这些说法的相信程度。（单选：1 非常不相信、2 不相信、3 没意见、4 相信、5 非常相信） a. 转基因技术可以降低农药使用 b. 转基因技术可以提高农作物营养含量 c. 转基因技术可以提升农作物产量 d. 经过许可的转基因食品可能含有有害物质 e. 转基因技术可以降低生产成本 f. 转基因技术可以减少环境污染 g. 经过许可的转基因技术可能破坏生物的多样性 h. 经过许可种植的转基因作物会导致土壤废弃

2. 信任与风险

在受众的心理因素变量设计上，主要测量受众对于制度信任和转基因技术的风险评估。对于制度信任的变量测量又分为两部分，第一部分为测量受众对于社会行动者的信任，包括在转基因议题中涉及的核心角色科学家、媒体、医药/农业/食品行业人士和转基因食品零售商/企业。本研究参考邹宇春等人（2015）对于科学家和政府信任的测量，详见表1.11。

表1.11　对社会行动者的制度信任测量量表

变量	题　目
群体信任	以下有关信任的说法，您是否认同？（单选：1 非常不认同、2 不认同、3 没意见、4 认同、5 非常认同） a. 在转基因食品的研发上，总体而言，我国科学家是值得信任的 b. 在转基因食品的新闻报道上，总体而言，媒体是值得信任的 c. 在转基因食品的议题讨论上，总体而言，医药/农业/食品行业人士是值得信任的 d. 在转基因食品的议题讨论上，总体而言，转基因食品零售商/企业是值得信任的

第二部分为测量受众对于政府在转基因议题上的"制度信任"，本设计参考张茳云、谭康荣（2005）和梁汉伟（2013）对于制度信任所提出的测量维度。其中，梁汉伟（2013）在研究中，以农业部（现农业农村部）推广转基因食品安全评估为例来测量受众对于政府的制度信任，与本研究案例较为相符。制度信任的具体量表在学术中已有迹可循，根据本研究的目标，再对量表题目进行词语的修正。详见表 1.12。

表 1.12　对政府的制度信任测量量表

维　度	题　　目
集体能力认可	以下有关信任的说法，您是否认同？（单选：①非常不认同、②不认同、③没意见、④认同、⑤非常认同） a. 在转基因食品的政策制定上，政府会建立完整的条例和规范
	b. 政府有能力监督转基因食品的安全管理和标准制定工作
	c. 政府能确保转基因食品的安全性
代理伦理秉持	d. 政府发展转基因食品是以民众的食品安全考虑为出发点，保障消费者的权利
	e. 政府在转基因食品的检验流程中不会偏袒特定团体
	f. 国内发展转基因食品的相关业者会切实遵守政府规定
仲裁救济能力	g. 政府会严惩转基因食品业者的违规情况

风险和信任是一体两面，属于个体心理因素，会影响受众对于转基因技术的态度和行为。受众对于政府、科学家和转基因相关业者的信任程度，更会影响到对于转基因技术的风险判断（Brossard & Nisbet，2007）。本研究参考布罗萨德和尼斯比特（2007）对于风险评估所设计的量表。此外，本研究题目设计聚焦"通过国家安全认证上市的转基因产品"，测量受众对于安全上市的转基因食品的风险判断。详见表 1.13。

表 1.13　风险感知测量量表

变量	题　目
风险	以下有关风险的说法，您是否认同？（单选：①非常不认同、②不认同、③没意见、④认同、⑤非常认同） a. 只要通过国家安全认证上市的转基因产品，食品安全是有保障的。 b. 对于生态环境来说，种植转基因作物是风险大于利益。

3. 新媒体使用

"新媒体使用"在本研究中指受众对于转基因信息和内容的获取渠道，即使用网络媒体来关注转基因信息的程度。详见表 1.14。具体测量题目为：（1）我一直关注网络上有关转基因相关技术的信息；（2）我会在微信上关注和"转基因技术"相关的微信公众号；（3）我会在微博上关注和"转基因技术"相关的信息。

表 1.14　新媒体使用情况量表

变量	题　目
新媒体使用	以下有关转基因信息的说法，您是否同意？（单选：①非常不同意、②不同意、③没意见、④同意、⑤非常同意） a. 我一直关注网络上有关转基因相关技术的信息 b. 我会在微信上关注和"转基因技术"相关的微信公众号 c. 我会在微博上关注和"转基因技术"相关的信息

4. 舆论氛围

在社会网络量表设计中，主要测量受众感受到的网络舆论氛围和社交网络中对转基因技术的态度感知。"网络环境氛围的感知"指受众在网络中所感受到公众和媒体对于转基因的态度是正面或负面，即社交媒体中的微博和网络中媒体对于转基因技术的报道偏向；"社交网络"即受众感知微信朋友圈和家人对于转基因技术的态度，社交网络考察的是微信，微信和微博两者差异在于微信更贴近受众，在微信朋友圈中所散布的信息多属于受众的朋友，偏向个体社交网络对转基因技术的态度。此部分量表设计参考刘玲玲（2010）、布罗萨德和尼斯比特（2007）与唐永金（2015）问卷，详见表1.15。

表 1.15　社会网络环境量表

维度	题　目
网络舆论氛围	以下说法，您是否同意？（单选：①完全不同意、②不同意、③没意见、④同意、⑤完全同意） a. 到目前为止，在新闻报道上大多说转基因食品是安全的 b. 到目前为止，在微博上，大家对转基因技术的态度多为负面的
社交网络舆论氛围	c. 到目前为止，在微信上，大家对转基因技术的态度多为负面的 d. 在日常生活中，家人对转基因食品的态度多为正面的

5. 受众对转基因技术的态度

在受众态度测量上，本研究考察的是受众对于国家发展转基因技术的态度、转基因技术的商业化量产和是否支持政府将转基因技术用于生物医疗领域，分析受众对于转基因技术应用的态度。问卷参考项新华、张正和庞星火的态度量表（2005）。详见表1.16。

表 1.16　受众对转基因技术态度的量表

变量	题　目
对转基因技术的态度	以下关于我国转基因技术的发展，您是否支持？（单选：①非常不支持、②不支持、③没意见、④支持、⑤非常支持） a. 是否支持我国进行转基因技术的研发？ b. 是否支持我国商业化转基因相关产品？ c. 是否支持政府将转基因技术用于生物医疗领域？

6. 转基因产品的购买行为

在转基因相关产品的购买行为分析上，本研究讨论的转基因产品是已"通过国家安全认证的转基因技术相关产品"，不考察其他尚在研发中或未经认证许可的转基因产品。在题目设计上参考 INRA（2000）、刘玲玲（2010）、布罗萨德和尼斯比特（2007）与唐永金（2015）研究问卷。详见表 1.17。

表 1.17　购买行为量表

变量	题　目
购买行为	如果以下产品通过国家安全认证上市，您是否愿意购买？（单选：①非常不愿意、②不愿意、③没意见、④愿意、⑤非常愿意） a. 抗病虫害的转基因水果或蔬菜 b. 延长贮存期的转基因水果或蔬菜 c. 用转基因大豆加工的大豆油 d. 用转基因大豆加工的豆腐 e. 用抗病虫害的转基因小麦加工的面粉 f. 用抗病虫害的转基因水稻生产的大米 g. 用改善营养的转基因水稻生产的大米 h. 用转基因玉米作为饲料生产的畜产品

第二章　科学与知识建构

　　本章采用知识建构理论来研究公众在新媒体环境下如何构建关于转基因技术的知识与信息。知识建构理论关注了认识和知识是如何形成公众对事物的理解，强调了认识是一个动态的过程，而知识则是静态的结果，前者着重于知识的生产与变化，后者聚焦知识的结构和知识与所认知的对象之间的关系。外在环境的刺激也会影响公众对于转基因技术的认知，特别是在互联网时代，网络媒体的信息和社交媒体中的舆论场都对公众的认知过程产生影响。本章主要探讨新媒体如何影响公众认知的过程，从而提高公众的转基因知识。

第一节　知识建构

一、知识建构理论

　　知识建构（knowledge construction）是建构主义中的核心概念（康雅菁，2009；Von Glasersfeld，1984）。知识建构理论（knowledge construction theory）主要探讨个体认知的过程，解释认知个体如何获取知识。知识建构主义是一种知识论（a theory of knowledge），奠基于心理学、哲学及人类学，结合当代知识社会学（sociology of knowledge）与科学哲学（philosophy of science）探讨知识的本质与知识产生的历程，并融入皮亚杰（Piaget）与维果斯基（Vygotsky）认知心理发展理论。

个体在知识的建构历程中，会依据旧有经验衡量所接收到的信息，并给予独特的意义。在此过程中不是"复制"和"粘贴"的机械式活动，而是不断地修正并检验，将他人所传递的信息转变为自己的观点，将接收的信息合理化、实用化。比尔斯等人更强调知识建构主义是主观的，反映个体的独特经验，通过不断沟通与交流建构自我知识（Beers et al.，2005）。

知识建构理论又可分为两个类别：个体建构主义（construc-tivism）和社会建构主义。从认知心理学角度来分析，个体建构主义认为，知识是由个体主观建构，并非被动接收，反映出个体经验的现实，个体建构的知识也只对自己才有意义（Wheatley，1991）。皮亚杰（1970）和冯·格拉塞斯费尔德（Von Glasersfeld，l984）更强调个体知识来自日常生活中的经验，以原来的经验作为基础，再将新知识融入本身的认知结构中，并以"同化"（assimilation）来扩大之前的认知结构，将新经验加入原有的认知基模，使原有的认知结构发生改变。或是当个体既有的认知基模不能容纳新的经验时，个体就必须"顺应"（accommodation），改变自己的认知结构，进而达成心智上的适应及平衡，适应环境知识。此即皮亚杰所称的"知识结构"（knowledge structure）。

社会建构主义则认为，知识不仅是个体与社会环境的相互交流所构建起来的，社会互动也起到了非常重要的作用。个体知识应是由社会文化环境所建构的，通过人际交流和互动进行不断的调整与修改，并且会受当时社会环境的影响（Gergen，1995）。布雷迪（Brady）和库默（Kumar）研究也发现，个体在和他人分享知识与价值观时，不断在既有的知识上作更正和协调，厘清在知识建构过程中所产生的困惑，形成正确的知识（Brady & Kumar，2000）。

　　知识建构是一个持续建构和重新组织知识的动态历程。福伊尔施泰（Feuerstein）认为，在社会情境中，个体不断接收新的知识，并自我修正（Feuerstein，2003）。个体有效地利用语言、文字、图像等符号以及媒体、科技等工具来表达个人的思想或观念，学习、理解他人并进行沟通，分享不同的见解与信息。福斯诺特（Fosnot）（2005）提出知识建构需要经历 5 个阶段，分别为"导向"（orientation）——通过事先的规划设计，引发个体对知识了解的欲望；"引发"（elicitation）——借由撰写工作日志或心得感想的方式，让学生陈述个人意见；"重组"（restructuring）——利用团体讨论，接收不同意见，当建议发生冲突时，可以重新修正自我的概念；"应用"（application）——让客体在不同环境下发展新概念，借以扩增新的知识；"回顾"（review）——个体重新检验知识学习的状态。详见图 2.1。

图 2.1　知识建构学习模式

　　知识建构理论相关的研究和运用最初始于教育学，主要研究学习者建构知识的过程和影响知识建构的因素。随着互联网时代的来临，个体除了能够在学校、家庭和大众媒介上获取知识外，网络上的信息也成为个体获取知识的新渠道。

在社交媒体中，知识是以融入的方式，存在于互动、分享、浏览信息、讨论交流和沟通之中（Goodyear，1995）。互联网改变了传统"知识建构"模式，也使知识建构的影响因素变得更加多元化。在网络中，受众须主动且有目的性地搜寻知识，将互联网的新知识融入原有的知识框架里，重新建构自我知识。随着不断搜寻信息，受众的知识也呈现动态变化，不断翻新。互联网更体现了社会建构主义的精神，在网络中借由不同知识背景的个体，相互交流、构建并创造知识（张基成、唐宣蔚，2000）。

张基成和唐宣蔚（2000）研究认为，在社会建构主义的观点下，社交媒体改变传统知识建构模式，受众可借由讨论、沟通、协商、分享与信息交换等过程，使原本分散的知识得以集中，也使社交媒体使用者的知识因相互分享而共同获得提升。

互联网中信息交流频繁的博客和由网络使用者共同建构的集体知识WIKI，更可以表现出知识建构理论的动态历程。博客不仅具有个人学习日志的功能，还可以快速进行知识分享，通过社交媒体中的信息分享、转发功能，达成知识建构功能（Du & Wagner，2007；Chong，2010）。受众在互联网中通过资讯分享、交流和留言讨论的文本内容，形塑个体知识建构的动态历程（葛之钧，2009；De Wever et al.，2009；Hull & Saxon，2009）。

Lave与Wenger（1991）认为，通过社交媒体可以使初学者或是对专业知识尚不了解的受众成为专家。在社交媒体中，受众通过与其他网民的相互讨论，经由他人的观点促使自我省思，并逐步建立属于自己的知识体系与观念。互联网中的社交媒体、博客或论坛，除了可以促使受众主动建构自我知识外，还可以通过人际的互动让受众获得参与感与认同感。

集体合作的网络分享环境是个体建构知识的过程。互联网中的受众利用已有的经验与知识来建构目前的认知，并参与社群的发展活动，使社群成员面对问题情境感受到认知冲突，刺激他们反思；另外，依据社会建构之观点，人际互动的情境有助于参与者各自提出见解，互相讨论，便于构成知识建构之雏形（林生传，1998）。

从知识建构主义的精神中可得知基于不同个体的经验知识都有所差异，且对世界的理解也各有不同，所以建构主义更关切的是个体如何以原有的社会经验、心理特质和信念为基础来建构知识。

受众的知识建构是一个动态的过程，且不断受外在社会环境刺激和心理因素影响而改变。在新媒体环境下，知识建构学习模式变得更加复杂，建构公众知识的"渠道"更加多元化。以媒体为例，除了传统媒体网站的网络新闻外，社交媒体与自媒体也成为公众获取知识来源的渠道之一，随着公众对社交媒体的使用率与依赖性的提高，社交媒体上的信息对于公众的影响不断上升。除此之外，网络中的舆论氛围也会影响公众的知识建构，详见图 2.2。

图 2.2　新媒体环境下的知识建构学习模式

互联网提供了一个信息流通的环境，在网络世界中，公众既可以是信息的接收者，也可以是信息的编码者。网络媒体与网络舆论建构了网络信息，将知识符号通过不同渠道，对公众的知识学习过程产生不同程度的影响。互联网刚出现时，许多学者乐观地认为社交媒体可以实现哈贝马斯（Jurgen Habermas）所谓的"公共领域"（public sphere），互联网打造了一个乌托邦的假想环境。在网络世界中，人人平等，每个人都可以自由地搜集知识、分享信息和评论观点。然而，实际发展状况并非如此，部分传播者善用网络媒体特性，在知识的编码过程中打破了"符号"平等的规则，在网络中吸引大批忠心的追随者。他们挟着知识和权力，利用自身的传播优势企图引导舆论，传播利己的知识，俨然形成一种知识霸权。

公众身处网络资讯爆炸的时代中，对于网络信息的点击、浏览、分享、回复活动都是对自我知识的一个累积过程。因此，面对转基因技术的争议性时，公众如何通过网络搜集、新增有用信息？在感知他人对于转基因议题讨论的态度后，是否会影响公众的知识判断、选取？在人际传播中，所强调的社交网络对个人的知识建构又会产生哪些影响？

二、新媒体环境下的知识建构

在互联网时代下，知识建构过程不再限于学校和家庭的教育。网络学习成为公众获得知识的渠道之一。网络上虽然有丰富多元的信息，但是也充斥着许多虚假信息，甚至出现大量伪科学内容，企图误导公众对于科学事实的认知；假新闻事件层出不穷，也引发了许多社会问题。

不同个体基于知识和科学素养的不同，在通过互联网学习知识后，所建构的认知也会有所差异，最终导致个体在面对争议性科学事件时，会采取不同的态度与行为。由此可知，受众在网络中所建构的知识，是影响个体态度和行为的重要因素之一。那么，究竟是怎样的知识建构过程才能形塑出受众"知识"，并使受众坚定不移地信任这个知识，以具体的态度和行动来支持这个"知识"？

互联网时代的来临，开辟了知识建构形式的广阔天地。对受众而言，互联网提供了另一个学习场域。和传统知识建构的不同之处在于，互联网让知识不再局限于学校，专业知识不再是只属于受高等教育的学生。基于网络的开放性，任何人只要拥有一台能联网的计算机，就可以不受时间和地域的限制在网络上获取知识。

网络具有丰富且大量的知识资源，受众所接触到的知识，以文字、图形、音频、视频、动画等多种方式存在于网络中。网络知识信息来自受众在网络中的活动，如转发、分享和评论。互联网让每个人都可以是网络知识的生产者和接收者。网络知识的建构需建立在受众自主学习的基础上，即受众需有明确目标主动寻找有关的知识点，才能建构自我知识。

根据 CNNIC 第 49 次《中国互联网络发展状况统计报告》（数据截止日期为 2021 年 12 月，以下简称为"CNNIC 第 49 次报告"），我国网民规模达 10.32 亿，使用互联网的民众已超过总人口的一半，互联网普及率为 73.0%。随着互联网用户的逐渐增加、网络使用率的提升，越来越多的网民在互联网中搜集资讯、转发信息和发表评论，网络中的知识也因信息的不断交流，呈现正比上升。

互联网的出现，将传统的知识建构理论带进了网络世界，回顾近几年来针对网络知识建构的研究，多为案例研究。针对网络教育，如大型开放式网络课程"MOOC"（Massive Open Online Courses），研究受众在脱离学校教室学习后如何在网络上自主学习。有别于传统学校教育，网络课程具有以下几个特点：（1）工具资源多元化。网络课程整合并聚集多种社交网络媒体和数字化资源，形成多元共享的学习平台，包含大量且丰富的课程资源；（2）课程使用方便。打破传统学校教育对时间和空间的限制，借由互联网技术，让全球各地的学习者在家就可以学习到国内外的著名课程；（3）课程受众类型多元且广泛。不受课程人数限制，能提供给大量的课程供学习者学习；（4）课程参与自主与自发性。一般而言，线上教育课程具有较高的入学率，但同时也有较高的辍学率。网络课程教育需要学习者拥有高度的自主学习能力，才能顺利完成课程学习。这也是网络教育面临的最大问题，即受众自主学习力低，很少有学习者能够完成网络学习课程。

然而，网络知识建构对于受众的影响力真如网络课程完成率一样低迷吗？当然不是，正相反，网络对于受众的知识影响力正在逐年增加。对于受众而言，网络知识建构不只局限于网络课程，受众的网络知识建构，更多来自在网络中的信息活动、网络新闻阅读和社交媒体的互动。

根据"CNNIC 第 49 次报告"可知，即时通信、搜索引擎、网络新闻和社交媒体是中国网民使用率最高的互联网应用。其中，即时通信用户规模达到 10.07 亿，成为用户连接各类生活服务的综合性平台；搜索引擎用户规模达到 8.29 亿，由信息服务向生态化平台服务的转型快速推进；网络新闻市场拥有 7.71 亿用户。

网民对于互联网应用的使用过程，也是一种知识建构的过程。受众通过网络，对信息的主动搜寻、转发甚至是评论，即可视为个体对于知识的需求和回应。借由互联网上的互动，个体对自我知识不断建构与解构。

传统知识建构多探讨在学校教育中老师对于学生的教育模式，利用个案或实验法，期望能找出影响学生知识建构的因素，进而提升学生对于知识的了解和理解。网络知识建构的相关研究多关注于网络教育课程对受众的影响，却忽略了受众在网络中对于知识的搜寻、转发，而这更是影响受众网络知识建构的重要因素。面对现有网络知识建构的理论缺乏问题，本研究将探讨受众如何在网络中建构自我知识，面对丰富且多元的网络信息，受众将会拒绝还是会接受？而"转基因食品"作为网络知识建构的一个案例，具有一定研究价值，能完善、分析影响受众对于转基因知识建构的因素。在网络中，对于"转基因食品"的支持与反对声音很大程度上影响了受众如何建构自我对于"转基因食品"的知识观念。

三、媒介报道对于科学知识的建构

一般来说，学校教育是形成个人科学知识程度深浅的最主要影响因素，也是建构个人知识基础最主要的地方。然而在完成学校教育后，媒体却是一般人最频繁、最容易、最方便接触科学信息的渠道。

每天都有科学研究或科学家出现在媒体上，受众借此获取科学知识（LaFollette，1990; Nelkin，1995）。报纸和杂志科学版的阅读对象除了科学家和相关科系学生外，一般大众也是其传播对象。电视则是比杂志和报纸更有影响力的工具，通过影像、声音与文字的结合，能塑造观众对科学议题和科学家的认知（Nelkin，1995）。

媒体对现代人的生活影响巨大，媒介使用与知识建构的关联成为许多学者关注的焦点。尼斯比特等人（Nisbet et al.，2002）曾在研究中发现，阅读科学杂志、收看电视中的科学内容与科学知识呈现正相关；而在设定年龄、性别、受教育程度的条件后，阅读报纸与科学杂志也与科学研究方面的知识多寡呈正相关，这表示媒介确实有促进科学知识增长的作用。然而，媒体使用是否可以提升受众的科学知识水平，两者之间的相关性有待商榷，主要原因是部分媒体人员专业度不足，误将"伪科学"（pseudo-science）事件当作真科学来报道，灌输给受众似是而非的"科学"信息。

不同的研究对于媒介传递科学信息效用的宣传大相径庭，使得媒介使用与科学素养间的关系成为值得研究的焦点。媒介对受众知识与态度的影响力不言而喻，但媒介对于受众的影响程度却一直为传播学界所争论。随着网络时代的来临，受众从过去知识的被动接收者，化为主动选择者，面对媒介的新闻报道，不再是全盘照收。网络给受众提供了一个查证，甚至是与他人互动交流的机会，通过网络资讯和媒介报道对个体的知识进行再建构。在争议性科学问题、媒介报道立场和公众三者之间，存在着相互影响的关系。公众长期接触媒介所设置的转基因议程，在态度上也会产生潜移默化的改变，或是坚定原本立场，或是游移中立。

随着网络媒体的兴起，受众对媒体接收的态度也从过去的被动接收转为主动搜寻，受众的媒体使用习惯不断改变。报纸、电视和网络媒体对受众的影响也有所差异，过去的传播媒介效果理论运用在互联网时代也备受考验。各界对于媒介效果的强弱影响皆有不同看法，支持和反对的立场皆有拥护者。

过往研究发现，报纸、广播和电视等媒体对受众确实能够起到议程设置效果（McCombs & Shaw，1972）。但，到了互联网时代，媒介议程设置理论备受质疑。有学者怀疑，媒介对受众的传播效果是否还如同过去一样具有强大的影响力，新闻媒体是否还能引导受众注意"哪些议题"和"如何去想"，甚至怀疑媒体是否还占据议程设置者的主导地位。互联网除了加速资讯的传递和交流外，也让过去新闻媒体信息生产者的绝对身份产生改变。在网络媒体中，人人都可以是信息生产者，人人都可以制码与解码，因此媒体的议程设置地位开始动摇。

也有学者认为，媒体的议程设置效果强度更胜过去，Guo 等人（2012）对于议程设置理论提出了更新的研究，认为议程设置理论已发展到第三阶层，即媒体不仅告诉受众要注意什么新闻，应该如何去思考议题，还会告诉受众"如何将事件联系起来"，即新闻媒体所传达的事件和新闻属性并非仅是单一的传播，事件和属性之间是具有关联性的。

在转基因技术的报道议题中，不论是"挺转"还是"反转"人士，皆认同媒介报道会对受众的态度产生影响。以美国为例，有调查发现，反转者批评生物技术和其他食品企业花费了大量金钱"收买舆论"。如2012 年加利福尼亚州举办公投决定"转基因食品是否应该标识"，反对标识的生物技术和其他食品企业花了 4000 万美元做宣传，而赞成标识者则花了 1000 万美元做宣传；在 2013 年华盛顿州举行相同的公投案，也发生收买舆论的情形。因为反转者和挺转者都认为影响民意最有效的方式，就是影响媒体和投放广告。

网络媒体对于转基因技术的报道，确实会影响受众对于转基因技术的知识建构和态度。尤其互联网普及后，受众多利用网络在社交媒体上讨论公共议题。以国内知名的社交媒体网站新浪微博为例，其更是沦为挺转者与反转者的舆论战场。在微博上，常常可以看到两方人马唇枪舌剑，且关于转基因技术的报道、研究通过微博的转发瞬间引起公众注意，助推新一轮讨论。全球对于转基因技术的争论从未停歇，且会因个别案例而不断升温，让"挺转"与"反转"的斗争更加激烈（Levidow & Carr，2009）。

第二节　网络媒体对于转基因技术的知识建构

在转基因技术刚刚问世之初，对于一般受众而言，碍于过去的学校教育内容并未对转基因技术有详细介绍，因此最快速且容易获得转基因技术相关的信息来源即为网络。网络中关于转基因技术的信息、社交媒体中的大V、公众的态度，甚至是自媒体微信中的朋友圈和家人的讨论，都是受众最直接接收转基因信息的来源。通过不同的信息渠道获取的转基因信息都会有所差异，更会影响受众对于转基因技术的知识建构。因此，有必要对受众进行全面性调查，以了解在网络时代下，受众是以什么传播工具来建构自己对转基因知识的了解的。

一、公众获取转基因知识的渠道

在这次调查中，我们研究了受众获取转基因信息的主要渠道，包括网络、社交媒体（微博）和自媒体（微信）。研究发现，有34.5%的受众表示他们通过网络来获取转基因信息（Mean=3.0666，SD=1.1999）；有29.7%的受众表示他们会通过微信公众号来关注转基因信息（Mean=2.854，SD=1.2653）；有25.7%的受众表示会通过微博来获取转基因信息（Mean=2.75，SD=1.2303），详见表2.1。

表2.1　转基因资讯来源渠道　　　　　　　　　**%**

	网络	微信公众号	微博
完全不同意	12.5	19.4	20.2
不同意	17.2	17.7	20.6
不知道／没意见	35.9	33.1	33.6

	网络	微信公众号	微博
同意	20.2	17.4	15.5
非常同意	14.3	12.3	10.2
平均值	3.066	2.854	2.750
标准差	1.1999	1.2653	1.2303
总计	100.0	100.0	100.0

受众对于转基因技术的知识建构，来源渠道相当丰富，根据访谈资料可以看出，以网络、媒体、学校教育和受众自身的社交网络圈为最多。对于转基因议题的关注和讨论，大多数受众并非只关注一种资讯来源，受众对于转基因技术的知识建构和信息渠道的来源相当多元且复杂。此外，亦有受访者指出，对于转基因技术的认识和接触，其实就存在于生活中，如电视广告对于"非转基因"的宣传、卖场中对于非转基因食品的明显标识，甚至是市场中蔬果商的叫卖。

访谈内容：

我对于转基因资讯的了解，主要来源包括媒体、网络、微博、微信等。（女，1991，硕士，环境科学）

转基因技术的资讯来源多是看YouTube一类的网络视频媒体，平常也会在卖场的海报或产品包装上看到转基因食品……（女，1988，硕士，视觉传达设计研究）

大致的资讯和信息来自新闻媒体的宣传和报道，包括一些专业信息和来自社会反馈信息。（女，1987，硕士，视觉设计）

我的转基因资讯的来源有很多，包括媒体、网络、微博、微信、家人、朋友。（男，1992，博士，机械工程）

转基因资讯大多来自家人、报刊等媒体和蔬果商。（女，1987，本

科，经管学院）

我的转基因资讯来源是媒体、网络、朋友、学校教育。（女，1992，本科，药学）

转基因资讯渠道来自网络、媒体和朋友。（男，1988，硕士，计算机科学与技术）

对于转基因的了解途径除了本身专业所涉及的学校教育外，还有媒体报道和网络信息。（女，1990，博士，免疫学）

转基因资讯主要源自网络、媒体以及学校教育。（男，1992，硕士，工业工程）

目前的转基因信息主要来自社交网络。（男，1983，硕士，教育技术学）

二、转基因知识的符号建构

面对多元的资讯渠道和丰富的信息，受众并非一味地只听取一方意见，更多的是内化所获得的信息，并有自我主见地判断消息的正确性，其信息渠道主要呈现以下几点特征。

（一）学校教育多为正面建构

以学校教育为获取信息来源的受访者表明，除了老师在课堂上对转基因技术的原理作介绍和说明外，同学们在课堂上也会针对此争议性议题作讨论。此外，对于此部分感兴趣的受访者，甚至是相关科系的学生，更会主动去关注和搜寻当前在国际期刊中对于转基因相关技术的最新研究，并参与相关学术讲座。

访谈内容：

我最早接触转基因技术这个概念可能是通过学校教育吧，但那些是以纯生物科学的角度去解释转基因的原理和技术，老师也没有带立场地告诉我们转基因技术是好或不好。（女，1990，硕士，公共管理）

学校上课时充分讨论过转基因相关议题。（男，1967，博士，法学）

我主要通过与导师讨论才了解了关于转基因技术的争议。通过我们的讨论，我了解到，这种争议在微博、微信等社交网络中广泛出现。（男，1988，博士，传播学）

我了解转基因资讯主要是通过相关的学术讲座。（男，1977，博士，法学）

主要信息来源有学校教育、国际期刊或者相关研究的文章。（男，1987，博士，社会科学、生物学硕士）

我会主动去学校数据库找寻资料和阅读相关的 SCI（《科学引文索引》）。（男，1987，博士，化工）

对于媒体、网络等众多信息来源渠道中的转基因知识，部分受访者保持怀疑态度，也有人深信不疑，正反两方态度皆具。但对于在学校教育中所获得的与转基因技术相关的知识，受访者皆表示相信，并不太会去怀疑，认为学校教育对于转基因知识的探讨是以理性的角度，秉持科学原理去分析转基因技术的优劣和发展。

访谈内容：

一般而言，学校教育对于转基因技术保持比较中立的态度，介绍的是转基因技术的原理及现有运用方式。（男，1992，硕士，工业工程）

学校教育更加趋于理性，能够讲述较为清晰的转基因原理，但是对于转基因技术的安全问题表述略有不足。（女，1990，博士，免疫学）

网络媒体对转基因技术的表述大多负面，朋友（大多数有生物背景）和学校教育多为正面。我更认同学校教育对转基因技术的正面观念。（女，1992，本科，药学）

（二）网络建构的知识充满符号对立

在转基因技术议题的讨论中，最受瞩目的意见领袖莫过于崔永元和方舟子。从立场上来看，崔永元属于反转一派，崔永元自认为是在为大多数民众争取知情和选择的权利，论点是在不清楚转基因食品是否安全的情况下，民众应该有权利选择吃或是不吃转基因食品，并且赴美考察转基因技术，推出 69 分钟的转基因纪录片。

方舟子则站在挺转立场，通过试吃与转基因相关的食品等有影响力的活动来表明转基因食品对人体无害。在此之前许多人并不了解转基因技术，也不太关注与转基因技术相关的议题，但却因为挺转的方舟子和反转的崔永元两人在网络上开战互批后，引来全国民众的关注，也激起转基因技术议题的讨论，形成了"挺转"与"反转"的争论。

访谈内容：

印象最深刻的是中国媒体人崔永元。崔永元到美国拍摄关于转基因技术的纪录片，片中表达美国对转基因食品的不认可，且时常看到网络报道转基因食品对人体有害。我非常认同这个观点。（女，1991，硕士，环境科学）

网络上关于转基因的争论，主要的对立来自崔永元和方舟子这类针锋相对的大 V。（男，1985，硕士，公共管理）

因为没有了解的意愿，所以我不能确定哪些是转基因知识，只记得崔永元是坚定的转基因反对者。我从导师的叙述中判定，崔永元看起来更像是游离在科学边界之外的公共利益维护者。也就是说，对于转基因技术的所谓负面评论，崔永元的论据不见得坚实，不一定经得起科学的推敲。因此，对他提倡的观念，我保持中立。（男，1988，博士，传播学）

即使大部分民众对转基因食品的问题还是一知半解，在网络上发表言论的挺转和反转人士也并非全都是这方面的专家，但值得注意的是，这样的讨论和舆论让转基因技术更真实地贴近民众生活，被大众所看见。

访谈内容：

我认为时间是检验真理的唯一标准。技术不分好坏，分的只是运用手段和成熟度。总体而言，我认为科学技术被关注并得到发展是件值得高兴的事情。（男，1992，硕士，工业工程）

总体上看，媒体呈现的转基因话题并非事关科学与公共利益。它更像是名人框架之下的产物。也就是说，没有崔永元和方舟子，转基因话题可能不会成为媒体关注的对象。（男，1988，博士，传播学）

（三）广告宣传与产品标签建构隐性知识

除了网络、媒体报道和学校教育来源外，其实转基因技术的相关概念一直存在于受众的生活中，但许多人并没有注意到，甚至会忽略这些信息，如广告和卖场中关于"非转基因"产品的宣传。在卖场购物时，常常能见到海报或是食品包装上，强调食品为"非转基因"或是不含转基因成分。

国内的非转基因企业，找明星为产品代言来加强受众对非转基因产品的好感度，如2014年7月，国内各大卫视上线赵薇所代言的西王食品非转基因油广告，广告中强调"不管几比几，不要转基因，我要西王玉米胚芽油"。同年7月25日，赵薇转发一条微博，呼吁民众支持西王食品发起的《非转基因电子公约》（下称《公约》），《公约》称："我声明：从今天起，不管几比几，不要转基因，支持新时代的健康油。"继赵薇之后，范冰冰代言的长寿花金胚玉米油，仍然强调了非转基因的特色。

此举引起大批挺转人士和科学家的抨击。挺转派认为，直到目前，在科学界并没有研究证据表明转基因食品对人体是有害的，非转基因产品的相关业者利用民众对转基因食品的担心和不了解故意误导公众，制造恐慌。

转基因食用油的相关企业也开始找明星代言，如 2014 年由林丹和谢杏芳夫妇代言含有转基因成分的金龙鱼油。由于产品的"转基因"标识字体较小，不易被识别到，许多民众认为有欺骗嫌疑，因此告上法院。

国内对转基因代言的争议愈演愈烈，导致央视在 2014 年 10 月发布了《关于"非转基因产品"广告的审查要求》，要求"除按规定收取证明材料外，禁止使用非转基因效果的词语，如更健康、更安全等具有误导性的广告词"。农业部（现农业农村部）也公开表示，转基因食品与非转基因食品两者具有同等的安全性，并指出相关广告已经违反广告法规，这才慢慢平息了国内转基因和非转基因食品的代言风波。

明星代言的"非转基因"产品广告，利用受众对明星的信任和好感来增强了对产品的信任和好感度。然而，这种广告策略在不经意间可能导致受众对于转基因食品产生抗拒和排斥情绪，甚至会造成民众对转基因技术的误解。在这种情况下，受众很容易陷入二元对立的思维模式，将"非转基因食品"与健康、安全等概念联系在一起，从而将转基因食品视为不健康和不安全的。

访谈内容：

比如广告中会强调非转基因产品，感觉转基因技术是一件坏事。（女，1990，博士，免疫学）

超市里充满非转基因产品的宣传。（男，1992，本科，机械设计及其自动化）

平常会在卖场的海报或产品包装上看到非转基因食品，比如，商店里的豆浆都会特别贴个标识，并强调这是"非转基因黄豆制成，请安心购买"，我认为这是对转基因食品的一种负面描述。但我实际不太清楚转基因黄豆究竟对人体有什么危害。（女，1988，硕士，视觉传达设计研究）

明星对于非转基因食品的广告代言，确实会扩大受众对转基因食品的负面认知，无形中对转基因食品造成污名化。甚至受众对于明星代言的非转基因食品的信任度会压过科学家对转基因食品安全性的保证。

访谈内容：

之前央视在广告中不断宣传非转基因产品的优点，后来我们意识到这个问题，你科普宣传了半天，比不上一个央视广告上说：我为非转基因产品加油！非转基因产品更安全！这样一宣传，所有民众会觉得转基因产品不安全。转基因议题和其他的科学问题又不一样，比如水、电问题，政府该不该建核电站？这个是不会放到媒体广告去宣传的。这些问题再怎么热，都热不过转基因议题。记者在讨论转基因议题时应该更客观中立，而且应该立足于科学作报道。（中国农业科学院生物技术研究所林敏教授）

（四）电影媒体建构转基因技术形象

过去的学术研究皆指出，媒体报道立场对于受众有一定程度的议程设置影响，因此，媒体对于转基因技术的报道不容小觑。电影作为一种娱乐媒体，对于受众的影响是直接且强烈的。近年来，许多电影以转基因技术作为主题，引起受众对于转基因议题的重视，电影拍摄角度既有支持转基因技术的，也有反对转基因技术的。

访谈内容：

转基因技术就是逆天的行为，比如好莱坞电影中有不少这样的题材——为了获得更好的转基因动植物品种，却造成失控的基因增生或突变，造成浩劫，威胁人类生存；我认为电影对于民众对转基因议题观感的影响不容小觑。（女，1988，硕士，视觉传达设计研究）

（五）媒体报道内容扩大风险不确定性

媒体对于转基因议题的报道会影响到受众对于转基因技术的知识建构。转基因议题和受众的生活息息相关，影响波及社会、经济和生活层面。在世界各地，政府和相关的利益团体都设法想要影响媒体报道，通过媒体的报道来影响受众对于转基因议题的态度。媒体在传播信息上扮演重要角色（Wilson et al，2004）。

从传播学角度分析，转基因议题和风险传播息息相关。随着媒体的负面报道量增加，转基因技术的风险也不断被放大，媒体对于转基因技术的报道变得夸大、不实。媒体所报道的转基因风险问题，并不能真正地反映现实状况，更无法协助受众建立科学化的风险感知。

影响媒体对风险新闻的关注原因包括：新闻价值的高低；新闻记者的知识程度，有些记者会刻意避开对他们而言不容易理解的议题；新闻的接近性，即风险可能会发生在任何人身上，每个人都可以感同身受，引起共鸣；同侪参照的力量，当议题变得有新闻价值时，其他媒体也会跟进报道施压团体、职业团体、政治人物等的相关反应（Kizinger & Reilly，1997；Singer & Endreny，1987）。

邓伍迪（Dunwoody）和瑞安（Ryan）（1985）研究表明，大众媒体常被指控为偏见、渲染、不精确、冷漠以及过于极端，媒体对风险意识层面的报道做得太差。媒体对风险的报道无法反映事实（Combs & Slovic，1979；Greenberg et al，1989），风险新闻的报道仅流于对事件的描述，几乎没有任何风险信息或知识（Sandman et al，1987；Singer & Endreny，1987）。这也造成受众对媒体的不信任，尤其在转基因议题上更加明显。转基因知识程度较高的受访者表示，许多媒体刻意妖魔化转基因技术，对转基因技术的报道存在缺乏科学依据、夸大等问题。

访谈内容：

一些媒体人员对转基因技术的非理性抵触，以及不科学的理解和传播，都有些误导人们对转基因技术的理解，如认为吃转基因食品会改变自己的基因，吃了转基因猪肉会获得猪的基因，这种认识简直是荒谬。我不认同这样的观点。（女，1990，博士，免疫学）

媒体过分夸大了吃转基因食品的后果。例如，说抗虫的转基因食品由于不断筛选非常高产，但虫子吃了都会死，何况人呢。我觉得自然界有些植物生存下来就是因为具有一些特性，例如抗虫特性，因此才在自然选择中得以生存。人们适当放大这些特点是好的，但是若不断放大到极致，就很不好，打破了自然的平衡，会引起其他的问题。（女，1990，博士，生物医学工程）

媒体报道常常缺乏科学依据。（女，1992，本科，药学）

媒体一般都是听专家讲，受众不如自己上网查，对所关注的问题还有一点猜想空间。（男，1967，博士，法学）

媒体错误引导，片面强调不利方面。（男，1992，硕士，诉讼法学）

目前媒体的报道比较混乱，缺乏有理有据的、有说服力的深度报道，通常都是一家之言，或者断章取义，噱头居多，理性不足。（女，1986，博士，传播学）

目前媒体对转基因技术的报道不足，家人和朋友对其认识还不到位，而且国内对食品安全问题重视不够。（男，1982，博士，机械工程）

新闻记者经常报道风险事件，却缺乏对风险的解释，也常忽略解释造成风险的原因。研究者认为，记者没有认识到事件中的风险，因此报道中不具任何风险特质的信息。当报道风险新闻时，记者需要相当的专业素养才能妥适地描述风险信息。

因此，媒体在科学争议问题上，确实需要提高媒体工作者的科学素养，以便记者和编辑在处理科学争议议题时，可以谨慎地寻求更可靠的信息来源，完整且正确地表现事件的逻辑过程，确保消息的多样性和信息的真实性，而非站在民粹主义和民族主义的立场，不断地在冲突框架中进行道德审判和制造民众的恐慌。那会导致广泛对话的努力破灭，并且阻碍社会的发展。

（六）舆论氛围对于转基因知识的影响

不论网络、社交媒体、社交网络对于转基因技术的态度如何，研究发现，许多受访者在面对多元的信息时，大部分都会采取质疑态度，并站在科学立场来思考所接收到的关于转基因的相关资讯。

访谈内容：

大众传播渠道的信息较为客观，但微信中转发的信息参差不齐。对于转基因技术的大量信息，我会选择性认同，并建立在自己原有知识体系上。（女，1991，硕士，金融）

对于转基因技术的负面知识，我只认同某些较为合理有科学根据的，如果单纯使用耸人听闻的语言来告诉大家转基因技术是不好的，这绝对无法让人认同（如逆天而行、违反自然规律等）。（男，1988，硕士，计算机科学与技术）

我接收过的转基因资讯里，支持和反对的都有，两方都能从所谓科学的角度展开分析。（男，1983，硕士，教育技术学）

关于转基因技术，负面以及不确定因素居多，例如会导致绝育。在没有数据支撑的前提下，我对这些观点保持中立。（男，1984，硕士，机械工程）

通常获取的大多数为转基因技术的负面信息，比如种子不易发芽、致癌指标高等，个别也有正面信息。我仍旧持谨慎的态度，不偏信一方，但是保持怀疑。（女，1986，博士，传播学）

我所看到的转基因信息好坏参半。支持的主要是介绍优点，会产生哪些好的影响；而另外一种是关于转基因技术的阴谋论，具体说是转基因技术破坏了生物体内的基因链。我个人观点是，不赞同也不反对，都会去看看。（男，1993，本科，房地产开发与物业管理）

这也符合知识建构理论中所提及的，受众的知识建构是一个动态的过程，且受社会环境所影响。不同的资讯获取渠道、社交网络都会影响并重新建构受众对于转基因知识的理解，最后影响其行为和态度。

访谈内容：

现在科学界对转基因技术还没有完整的报告，或许因为技术还不成熟，或者因为某种利益原因导致了信息闭塞。但是，无论如何，许多人吃上了足够的食品，这就是转基因技术好的一面。我希望媒体不要断章取义，也希望有权威的科学研究者可以提供更加完整的信息。（女，1987，硕士，工业工程）

转基因技术的安全性问题得不到共识，大家觉得转基因技术的问题很多，可能会影响身体健康。我觉得大家对于转基因技术的接受程度不是很高，因为正确的观念没有普及，科学原理也没正确传达。当然，转基因技术可能有潜在的危害，但肯定不是所谓的吃了会改变自己的基因这种荒谬的危害。还有，宣传没有到位，有些转基因食品并没有让消费者知情，这也是大家抵触的一个原因。（女，1990，博士，免疫学）

第三节　网络舆论氛围对知识建构的影响

一、受众对网络舆论氛围的感知

自 2009 年新浪微博开通以来，截至 2021 年 12 月，微博月活跃用户 5.73 亿，日活跃用户 2.49 亿（姜菁玲，2022）。其中包括大量政府机构、官员、企业、个人认证账号。社交媒体的开放传播机制使微博成为中国的"公共议事厅"。转基因技术也在微博中被广泛关注并进行热烈讨论。微博促进信息的快速传播，打破了时间、地域的限制，让有共同兴趣的人可以聚集在一起，借由受众在微博中的信息转发、分享和评论，"引发"其他受众对转基因议题的关注。

微博的意见领袖对转基因议题的讨论，瞬间引发了受众对转基因议题的关注，支持和反对的舆论在网络上相互交锋。关于转基因技术的负面舆论压力导致政府必须直接面对民意，许多与转基因技术相关的政府部门开通了"政务微博"，借由微博的公开性，快速厘清谣言并反映事实。许多科技类媒体也通过微博来辨析网络中对于转基因技术的谣言，如果壳网的谣言粉碎机，就起到了纠正伪科学知识的作用。

微博是国内知名的社交媒体平台，从大众到小众，微博聚集了一群有共同兴趣的人。基于微博的去中心化、去权威化和缺乏信息审核机制，导致与转基因技术相关的谣言被广泛传播。受众出于对话语权的追求、自我实现的心理需求、认知的需求，以及创造意义的快感，造成了微博话语的失范，让谣言变得更真实（张冠文，2012）。

随着受众在微博中频繁地浏览信息，微博对于受众的知识建构也会相对提升。微博中与转基因技术有关的讨论数不胜数，既有支持也有反对的声浪，受众在浏览信息的同时，也会感受到网络的意见氛围。

"网络舆论氛围"对于受众的转基因知识建构和态度都会有所影响。网络舆论氛围指受众在网络中所感受到的公众和媒体对转基因技术的态度是正面或负面，即社交媒体中的微博和网络中的媒体对于转基因技术的报道偏向。本研究针对 1 235 名受众进行问卷调查，询问受测者在网络中所感受到的社交媒体如微博和网络媒体对转基因技术的态度。研究分析发现，受众对于"在新闻报道上大多说转基因食品是安全的"说法，有 30.5% 的人表示不同意及完全不同意，有 30.6% 的人表示同意及非常同意（平均值 =2.999，标准差 =1.1412）；受众对于"在微博上，大家对转基因技术的态度，多为负面的"说法，有 20.8% 的人表示不同意及完全不同意，有 44.3% 的人表示同意及完全同意（平均值 =3.351，标准差 =1.1299），详见表 2.2。

表 2.2　转基因议题在网络的氛围　　　　　　　　%

	网络媒体正面评价	微博负面评价
完全不同意	11.6	6.6
不同意	18.9	14.2
不知道 / 没意见	38.9	34.9
同意	19.2	26.0
非常同意	11.4	18.3
平均值	2.999	3.351
标准差	1.1412	1.1299
总计	100.0	100.0

　　在面向公众的访谈中也发现，大部分受众认为网络中，甚至是社交媒体对于转基因技术的态度和氛围多倾向负面态度。

访谈内容：

网上关于转基因技术的讨论过于混乱，有很多并未经过核实的危言耸听的信息。（男，1980，博士，传播学）

我觉得网络上关于转基因技术的信息大多都是负面的，相关讨论也是反对的意见较多。（女，1988，硕士，视觉传达设计研究）

我所看到有关转基因的资讯，普遍都是倾向不认同。（女，1987，本科，经管学院）

网络上对于转基因技术的态度，基本上都是反对的意见。（女，1987，硕士，工业工程）

范敬群等人（2013）研究微博中对于"转基因黄金大米在中国违规对儿童进行营养学实验"的舆论，结果发现，微博使受众能跨越时间、地域限制，直接和其他意见领袖、民众进行相互交流。然而，在转基因议题的讨论上，受众往往围绕自己认可的舆论中心各说各话，很少与其他相反意见进行辩论。研究者作分析时发现，在对转基因技术表述态度的留言中，经常出现对政府和社会管理的不满。

互联网对传播学理论造成冲击，许多理论放到网络环境中出现不适应的情况，如传播学中的"沉默螺旋"理论，就出现了倒置。"沉默螺旋"理论认为，民意的形成是由媒体、人际传播和受众对"意见气候"的判断三者交互作用所造成的结果。理论强调，受众长时间暴露于媒体报道环境下，受众对于外在"意见气候"的感知能力会受其影响，会误以为媒体报道所呈现的就是主流意见，这些意见氛围会影响个人对社会主流价值的认知。当受众感知到主流意见与自己相同时，则会积极参与讨论；反之，则会保持沉默。理论假设了大部分的受众会因为害怕孤立而去改变自己的行为。

因此，受众通过媒体所感知到的"意见气候"更显重要，这使得和主流持相同意见的人会勇于表达自我观点，导致持少数意见的人表达自己观点的可能性逐渐降低。然而，在网络时代，媒体不再具有完全主导主流意见的优势，涌现的是擅于使用社交媒体，具有大量粉丝和支持者的意见领袖、大V。访谈结果呼应了范敬群（2013）研究中所指出的"沉默螺旋"倒置效应。

访谈内容：

媒体对于转基因技术的报道还是持负面的态度，这也影响到网络上的沉默多数，因为大多数人不会仔细去看内容，网络上垃圾资讯过多对现代人是种毒害。（男，1992，硕士，材料工程）

现在关于转基因食品的描述铺天盖地，网络上不停有人散布谣言抹黑转基因食品，一般大众所能接触到的也都是这些。但以一个科学人的角度来看，这些谣言基本上不堪推敲，纯粹是阴谋论，利用普通民众知识匮乏以及对未知事物的恐惧来威胁群众。其中完全不含任何可靠来源举证，只有恶意的臆测，我完全不认同这些看法。所幸网络上也有许多人努力在推广正确的观念，只是力度不够，难以勾起群众传播的欲望。（男，1992，硕士，材料工程）

基于互联网明显的去中心化特性，在具争议性的转基因问题讨论上，在社交媒体的舆论场域中，民意不再是趋于沉默的多数，以往媒体报道中的主流优势意见（政府、科学家和专家）不再具有优势，且在新媒体上，许多科学家受到网民不理性的批评和挞伐，逐渐趋于沉默，推翻了过去在科学议题上以专家学者为主流意见的趋势，造成"沉默螺旋"的倒置。

在网络时代下，"沉默螺旋"的倒置解放了受众过去被限制的言论自由，加上网络的匿名性，受众在网络上不必对自我言论负责，因此开始大张旗鼓放言，发表不负责任的言论，用不理性的言辞批判反对者，在网络中将自我的意见制造成虚假的多数，借以压制意见不同者。这种"沉默螺旋"倒置效应和不理性的网民批评，造成许多科学家在转基因议题讨论上的缺位。

二、媒体使用

过去的研究已经证明媒体的报道确实会影响受众的知识构建。媒体对转基因的报道，一般分为两类：官方媒体（如《人民日报》《光明日报》《求是》）和商业化媒体。它们在新闻主题和报道方式上存在一定的差异。

研究分析过去 10 年中《人民日报》和《光明日报》对转基因议题的新闻报道发现，有 48.1% 的文章持积极态度，将转基因技术描述为给农民带来相当大收益并解决粮食短缺问题。此外，还有 51.9% 的报道持中立态度，官方媒体没有明显的负面报道（Du & Rachul, 2012）。这也与本研究的问卷调查结果一致，其中 30.6% 的受众认为媒体对于转基因食品安全的报道都是积极的。

在深入了解媒体对待转基因食品报道的方式时，我们进行了一系列的深度访谈，以探讨受众对这一话题的不同看法。在这些访谈中，受众分享了他们对媒体报道的观点，不同的教育背景、专业领域和个人经验也让他们对这个问题有了多角度的认识。同时，我们也考虑了先前的研究，如 Du 和 Rachul（2012）的研究，尽管这些研究提供了有关官方媒体的观点，但并未全面考虑商业化媒体的影响，而现今受众的媒体使用也在发生改变，商业化媒体的影响力逐渐提升。特别是在转基因技术的报道方面，商业化媒体和官方媒体之间存在明显的差异。商业化媒体更趋向于负面报道，对转基因技术持怀疑态度（Zhong et al, 2003）。这些因素可能解释了为什么受众对媒体报道呈现正面和负面态度，原因在于受众所接触到的媒体不同。

访谈内容：

负面新闻比较多（女，1993，本科，工商管理）。

基本是负面的新闻（女，1992，硕士，海洋生物）。

我所看到的负面报道主要是转基因种植问题（男，1993，本科，酒店管理）。

基本上都是反对的意见。但是支持的也有。我觉得是一些媒体人为了近期环境的议题热度而增加了此类新闻曝光度（女，1987，硕士，工业工程）。

通过这些深度访谈，我们深入了解了受众对媒体报道的复杂看法。商业化媒体和官方媒体在转基因技术报道方面的不同立场，以及现今受众的多样化媒体使用方式，都为受众的观点提供了多维度的背景。这种多元性反映了媒体报道的复杂性，以及公众在面对转基因食品这一议题时所持有的多样态度。深入了解受众的看法对于更好地理解媒体与公众之间的互动和信息传播过程至关重要。同时，我们也认识到了未来研究需要更全面地考虑不同类型媒体的影响，以更准确地描绘媒体对于转基因食品报道的全貌。

在我们的深度访谈中，多位受众表达了他们对媒体报道的看法，特别是关于转基因食品的报道。这些观点呈现了一种趋势，即媒体报道在总体上更偏向于负面报道。受众认为，负面报道更容易引起大众的关注，尤其是在涉及食品安全这一高度关切的领域。一些受众还指出，新闻往往以事故和负面事件为主题，这可能会影响媒体的报道方式。同时，受众也认为媒体报道中存在信息源的权威性不足，导致正面报道相对较少。

访谈内容：

媒体的报道总体应该是负面报道会比较多。负面报道会比较容易引起普通大众关注，因为食品安全与大众高度相关（男，1983，硕士，教育技术学）。

通常上新闻的情况，都是出现事故的负面新闻（男，1983，博士，行政管理）。媒体都有包装的作用，看是如何行销了！（男，1987，博士，化工）。

媒体对于转基因技术的报道，信息源权威性缺失，导致正面报道量较少（男，1980，博士，传播学）。

在这些深度访谈中，我们听到了受众对媒体报道的独特观点。他们的看法凸显了媒体在转基因食品报道中的倾向性，尤其是向负面报道倾斜。受众对于新闻的包装和信息源的权威性也提出了关切。这些观点凸显了媒体报道在引导公众对于转基因技术的看法方面发挥着重要作用，同时也提醒我们要审慎对待媒体报道，并寻求更全面的信息以形成自己的观点。深入了解受众对媒体报道的看法有助于更好地理解公众对于转基因食品议题的态度和信念。

在我们的深度访谈中，我们听取了一系列关于网络媒体和新闻报道的不同观点。这些观点可以分为两个主要派系。一方面，一些受众认为，转基因食品对产量、市场供求和农业产业带来了积极影响，减轻了种植压力负担；另一方面，一些受众则关注到了转基因食品可能带来的潜在危害，包括对身体健康的威胁以及食物营养成分的削弱。这些不同的观点反映了公众对于转基因技术的复杂看法。

访谈内容：

关于网络媒体和新闻的直击与报道分为两个派系，一个是转基因食品带来的产量对于市场供求量的满足，提高产业量减少种植压力负荷；另一个是对于转基因食品带来的危害和未来的倾倒性影响，对身体健康的威胁和食物营养成分的削弱。（女，1987，硕士，视觉设计）。

媒体的报道比较公正，可能略微强调其不利的影响（男，1992，博士，机械工程）。

媒体对于转基因技术还是比较有所保留的（男，1981，博士，艺术）。

媒体对转基因技术的报道还是比较客观中立的描述性文章（男，1985，硕士，公共管理）。

通过这些深度访谈，我们了解到受众对于媒体报道的态度各不相同。一些受众认为媒体报道比较公正，可能稍微强调了转基因食品的不利影响；而另一些受众则认为媒体对于转基因技术持有较为保守的立场，以客观和中立的方式呈现相关信息。这些不同的观点凸显了媒体报道的多样性，同时也提醒我们要以开放的心态和多元的信息来源来形成自己的看法。最近的研究还表明，媒体报道可以对受众的行为产生影响，而受众的态度也可能受到媒体报道的影响。Eurobarometer（2010）民意调查的结果显示，受众对于医药生物技术和农业生物技术的支持态度存在差异，这差异与媒体报道之间存在正向相关性。这进一步凸显了媒体在塑造公众观点和行为方面的重要作用，也强调了我们需要谨慎看待媒体报道并寻求多角度的信息来源。深入了解受众的观点有助于更好地理解公众对于转基因食品议题的态度和信念。

近年来，对于转基因技术的辩论更趋激烈，这与媒体背后经营权的变化有着相当大的关系。因为媒体数量的迅速攀升，造成媒体在报道新闻时为了吸引受众关注，常以负面报道居多，这也是媒介商业化竞争后，为了争取高阅读率所造成的现象。

访谈内容：

媒体总体是负面报道比较多。负面报道会比较容易引起普通大众关注，因为食品安全与大众高度相关。（男，1983，硕士，教育技术学）

通常新闻报道中出现的情况，都是出现事故的负面新闻。（男，1983，博士，行政管理）

媒体都有包装的作用，就看是如何行销了。（男，1987，博士，化工）

媒体对于转基因技术的报道信息源权威性缺失，正面报道量较少。（男，1980，博士，传播学）

但并非所有受众都认为媒体的报道是二元对立局面，非黑即白，不是正面报道就是负面报道，媒体并不需要选边站队。仍然有受众认为媒体在转基因技术的报道上是属于中立态度。

访谈内容：

网络媒体关于转基因的新闻报道，分为两派，一方面是转基因食品带来的高产对于市场供求量的满足，提高产量减少种植压力；另一方面是对于转基因食品带来的危害和未来的压倒性影响，对于身体健康的威胁和食物营养成分的削弱。（女，1987，硕士，视觉设计）

媒体的报道比较公正，可能略微强调转基因技术不利的影响。（男，1992，博士，机械工程）

媒体对于转基因技术的报道还是有所保留的。（男，1981，博士，艺术）

媒体对转基因技术的报道还是比较客观中立的描述性文章。（男，1985，硕士，公共管理）

三、转基因议题的舆论氛围

在有关转基因技术的知识建构过程中，社会交往的人际关系也是学者关注的因素之一。个体在和他人的互动交流中，个体的社会交往关系会对受众对某件事情的看法或认知产生影响。

本研究调查的"社交网络"，即指受众的朋友圈和家人对于转基因技术的态度，考察的是自媒体"微信"。微信和微博两者差异在于微信更贴近受众，在微信朋友圈中所散布的信息多属于受众的朋友。本研究偏重个体社交网络对转基因食品的态度。

研究分析发现，受众对于"家人对转基因食品的态度多为正面的"说法，有 38.6% 的人表示不同意及完全不同意，有 24.3% 的人表示同意及非常同意（平均值 =2.792，标准差 =1.1743）；受众对于"在微信上，大家对转基因食品的态度多为负面的"说法，有 20.6% 的人表示不同意及完全不同意，有 43.6% 的人表示同意及非常同意（平均值 =3.328，标准差 =1.1402），详见表 2.3。

表 2.3　社交网络对转基因技术的态度　　　　　%

	家人正面评价	微信朋友圈负面评价
完全不同意	16.4	7.9
不同意	22.2	12.7
不知道／没意见	37.1	35.9
同意	14.3	25.9
非常同意	10.0	17.7
平均值	2.792	3.328
标准差	1.1743	1.1402
总计	100.0	100.0

在访谈中发现，受众对于转基因食品的态度深受个体的社交网络的影响，尤以家人态度影响最大，且多为负面态度，认为转基因食品非天

然食品，并通过人为手段去干预，不知道转基因食品会给人体带来什么危害，因此对转基因食品采取拒绝态度，并对个体灌输转基因不好的概念。

访谈内容：

身边的大部分朋友、家人，基本在可选择的情况下都会选择非转基因食品或者加工商品，绿色非转基因蔬菜也是目前可信度比较高的选择，成为追求健康养生家庭和人群的主流选择。（女，1987，硕士，视觉设计）

大家对转基因食品的态度不好，本人也不赞成转基因食品，因为转基因作物是靠人为因素实现的，是非自然成长的，总觉得别扭。（男，1992，博士，机械工程）

网络上、周边亲人对转基因食品持抵制态度，原因还是不放心，或者害怕潜在的安全隐患。（男，1977，博士，法学）

平时不关注转基因问题，所以不知道具体是什么情况，家人和朋友都不会主动购买转基因产品。（男，1992，本科，机械设计及其自动化）

大家都反对转基因食品，因为对身体的影响是未知的。（男，1981，博士，艺术）

至少身边的人是反对转基因食品的，因为有天然的食物，就不会想去试可能会有不良影响的新品种。（女，1998，硕士，信息艺术设计系）

家人和朋友在一般情况下都会选择原生态食品。因为新技术在刚开始应用和推广期，大家都会存在疑虑，在选择是否承受这个风险时，更宁愿保持不变。（男，1993，本科，房地产开发与物业管理）

在社交网络中，相较下，朋友的态度比较平和，不会特别去支持或反对转基因食品，但长辈对于转基因食品的拒绝态度特别明显激烈，他

们会保守点不选择采用，年轻一辈则无所谓。（男，1992，硕士，工业工程）

有些同学对于转基因食品一知半解，但没有特别支持或反对。有的亲人则强烈反对，认为转基因是干预自然的手段，无论结果是否对经济或粮食生产有帮助。（男，1987，博士，社会科学、生物学硕士）

大众普遍心理以天然为最好，反对人工改造太多，主因是担心转基因物质长时间累积下来对人体、环境产生不良影响。（男，1983，博士，行政管理）

一般来说，家人和不了解转基因的人都不支持转基因食品，认为是有害的。原因可能是对未知事物的警惕，毕竟这是食物，是要人吃的。（男，1993，本科，化工）

家人大多持反对态度，原因都是由于不够了解，所以担心转基因食品潜在的对身体的危害。（女，1986，博士，传播学）

面对社交网络的负面信息，也有受访者认为，即使信息可能是不正确的，但是仍然保持着"宁可信其有不可信其无"的心态去接受，并一同拒绝转基因食品。

访谈内容：

感觉媒体以及网络的评论一般是比较客观公正的——说明转基因食品的优劣。家人和朋友一般都会谈一些负面影响，比如不健康、会有副作用，等等。我和家人以及朋友的观点类似，不赞成转基因技术。（男，1992，博士，机械工程）

朋友和家人对于转基因食品的态度大部分是负面的，多是说吃多会造成病变。宁可信其有，少吃为妙。（女，1987，本科，经管学院）

个体的社会网络关系，对于转基因技术也并非全部都是负面态度。在受访者中，对于转基因技术持正面态度的受众，仍有部分人的社会交往关系对转基因态度呈现正面或是中立态度，其最大原因为社交网络关系中的人群都了解转基因技术，因此和受访者持相同态度。

访谈内容：

可能由于生活圈的关系，身边朋友对于转基因的态度还是比较支持的，受过正规科学教育的人较不会轻易被煽动，因为他们有基本分辨是非的能力。（男，1992，硕士，材料工程）

我支持FDA通过的产品。在中国，需要有庞大的数据证明转基因食品不会出事。（男，1987，博士，化工）

转基因技术具体对人类有何影响，大家都不是很清楚。适当量、适当物种的转基因是允许的，但是在我们国家，可能会存在许多滥用的情况。农民为了高产不断寻找最强基因型，这可能会打破生态的平衡，对整个国家和民众的健康都可能会是未知的威胁。（女，1990，博士，生物医学工程）

身边的家人和朋友多为无所谓，即中立态度。（女，1992，本科，药学）

我的长辈大多持反对意见，朋友持中立或支持态度。（男，1985，硕士，公共管理）

第四节　新媒体环境下的知识建构与积累

知识建构的第一个过程就是对于知识的累积和新增（Rumelhart & Norman，1976; Chi，2008）。皮亚杰强调，这一过程指的是，受众在先验知识的基础上，对于信息的理解和吸收（Piaget，1985）。在知识积累和吸收的过程中，受众需受到外界环境的刺激，"引发"（elicitation）对知识的兴趣，受网络中的意见领袖或教学者的"导向"，对知识信息进行搜集（Driver，1988）。在获取知识后，受众会在不同知识的节点建立相关链接（Nuthall，1997）。

在新增知识和累积知识的过程中，Nonaka（2000）将知识建构当作是一种知识的转化过程，转化方式包括四种模式：从隐性知识（tacit knowledge）转化到显性知识（explicit knowledge）；显性知识转化成隐性知识；隐性知识继续存储为隐性知识；显性知识继续存储为显性知识。

在网络时代下，面对丰富且多元的转基因信息，受众如何在先验知识的基础上新增并累积自我知识？在知识积累的过程，受众感知到的网络知识氛围，又会如何"引发"受众对于知识的兴趣？在网络中，网络媒体、意见领袖或"公知"因其特殊的背景，对受众在建构转基因知识的过程中，有着"引导"的功能，受众如何看待这些拥有知识权力的引导者，并内化所接收到的转基因知识？对此，本研究提出以下几点分析。

一、网络环境为知识构建提供了便利

调查结果显示，受众对于转基因知识的需求，大多通过网络媒体来获取。但由于网络信息搜集的便利性，大部分受众对于网络信息的真实性都保持怀疑态度，对于转基因技术的知识建构获取渠道更偏向于具有权威性、科学性的信息来源，如学校教育、国际期刊的研究证明。尽管如此，网络确实也为受众在获取信息上提供了便利，如期刊信息的阅读行为，大部分就是在网络中发生。因为网络打破时间、空间的限制，受众可以在第一时间接触并了解到世界各地正在发生的事。

二、外在环境刺激影响网络中的信息接触

转基因技术商业化已久，该话题充斥在受众的生活当中，受众对于"转基因"这一名词并不陌生，从卖场的产品销售，到消费者的饭桌上，都可能接触过转基因食品。外在环境所呈现的转基因意象，从广告到产品标签，从广告代言人的行销，再到低价的产品促销，转基因食品以各种方式出现在消费者的生活中。面对外在环境所带来的刺激，也让受众开始关注"转基因"这个新名词，导致受众在转基因先验知识不足的情况下，会积极寻求相关知识，以满足知识失衡的状态，进而利用网络来建构自我对转基因知识的了解。

三、社交媒体的公共领域讨论有助引发受众对知识的兴趣

社交媒体微博虽然无法完全实现哈贝马斯公共领域的理念，但还是提供了一个让受众可以自由讨论、分享、转发和评论知识的空间。微博中的意见领袖大 V（指拥有众多粉丝的微博用户），在微博中发表评论，或是转发其他信息、观点时，都会受到大量粉丝的关注。也因此，这些意见领袖在微博中的活动对于受众的知识建构具有引发的效果，他们的一举一动，都成为网民关心的话题。

四、意见领袖对受众知识建构具有导向功能

意见领袖在网络中，拥有大批的粉丝、关注者。这些人对于意见领袖的观点，大部分都是认同且支持的，因此当意见领袖在发表观点或评论公共政策时，即能成功地引起回响并获得大量的点赞、转发和评论。

当然，在这些关注者中不乏反对者，他们随时注意这些意见领袖的言论动态，并适时提出意见进行反击。

在潜移默化中，意见领袖对受众有教学的功能，即使无法对受众的知识见解产生影响，但他们能成功地让受众注意到这个争议问题，并让受众对于先验知识进行反思，并考虑是否接受意见领袖的知识观。

第三章　科学传播与科学素养

本章从科学传播的角度出发，对科学素养进行了概念化和操作化的定义。并指出国外在测量全民科学素养方面使用的量表和题目主要集中在基础科学知识方面。然而，通过我们的研究观察发现，尽管全国人民的科学素养逐年提高，但当面临新兴的争议性科学议题时，公众现有的科学知识基础并不能很好地去解决这些问题，甚至无法有效地作出行动反应。因此，为了要测量公众对转基因技术的科学素养水平，我们须调整科学素养的测量方式。本章节根据专家访谈内容，并整合网络中关于转基因知识的虚假信息与谣言，设计出转基因技术的科学量表，以问卷调查方式来获得公众转基因知识的定量数据。如前一章介绍，我们知道公众的知识受到外在环境的不断刺激，会呈现动态变化的状况。因此，在本章节引入心理学经典的 O-S-O-R 模型，观察不同新媒体平台的科学信息会如何刺激公众科学知识的建构，以检验新媒体使用、科学知识与态度之间的多元关系。

第一节　科学素养

无论是科学传播还是风险传播的研究都认为科学知识是改变受众态度不可或缺的因素（Brossard & Shanahan，2003；Mielby，Sandøe & Lassen，2013），但两者对知识的概念化与操作化定义并不完全相同，也都过于简化。尤其在面对争议性科学技术的讨论时，因为转基因技术本身的高理解门槛，导致科普转基因知识难度的增加。国内已有的科学素养问卷，并不能全面地反映出公众对于转基因知识的了解，不能以概括的科学原理来解释公众对转基因技术的理解程度，如果仅以此来推论科学素养对转基因技术支持度的影响，则过于武断。因此，本节先回顾科学素养的概念化与操作化定义，并从此概念去延伸并设计转基因技术的科学素养量表。

一、科学素养的概念化与操作化定义

在科学传播与风险传播理论中，对知识测量讨论最多的莫过于科学传播中的"科学素养"一词。科学素养中提及的关键概念"素养"（litcracy），源自拉丁文中的 litteratus，一般指"读与写的能力"，后来被引用延伸到各个领域，如计算机素养、媒体素养、文化素养、政治素养、科学素养等。在英文的名词定义上，可以发现科学素养曾以 Science literacy 或 Scientific literacy 这两个名词出现。梅恩沙因等人（1999）强调两者之间的差别在于"Science literacy"是指在短时间内如何获取知识，找出问题和解决办法；"Scientific literacy"则需要花长时间来完成，且注重批判式的思考过程，强调以科学方法来求知的科学态度（Maienschein et al.，1999）。反观中文对于科学素养的字面定义，则属于多维度的定

义，即包含 Science literacy 和 Scientific literacy 的概念。

科学素养的概念最早出现在 1932 年美国教育研究会（National Society for the Study of Education，NSSE）的书中。在 1958 年赫德（P. H. Hurd）的《科学素养：它对美国学校的意义》（*Science Literacy: Its Meaning for American Schools*）一文中，第一次提及"科学素养"一词。科学素养的完整概念是在 1966 年由拜拉（M. O. Pella）提出，将科学素养定义为"科学素养是对基本的科学观念、本质和对科学家的工作理解，了解科学、技术和社会环境三者之间是如何相互影响"（Pella et al.，1966）。拜拉提出的概念也成为此后美国推动提升全民科学素养活动的基石，如"2061 计划"[①]（Project 2061）和"美国国家科学教育标准"（National Science Education Standards）都是以此概念为核心（Durant，1993）。

科学素养是衡量国民科学素质的重要参考依据。科学素养逐渐成为各国努力推广的显学，世界各地不论是政府还是学者，都在科学素养学理上开展许多工作，各自定义。因此，在调查公众科学素养的程度之前，必须先厘清科学素养的概念化和操作化定义。但科学素养并非是一个简单明确的概念，单是观察国际与国内对于科学素养概念的测量方式就相当多元且复杂，国际上也没有一个统一的量表，甚至可以说，科学素养是一个被滥用得几乎失去学术价值的概念。学界对于科学素养之所以有不同定义，原因是对素养和知识本质有不同的解读，尤其是对科学素养的相对性和绝对性的不同解释（金兼斌，2002）。目前国内学术界

---

① 2061 计划是指美国基础教育改革工程，计划目的是提高美国公民在科学、数学和技术方面的素养，并提出美国在基础教育阶段科学、数学和技术教育改革的规划；美国国家科学教育标准是美国在 1996 年公布的一份科学教师教学的准则，并由国家科学教师组织（National Science Teacher Association，NSTA）在全国推广与执行。

达成关于科学素养表述的共识——科学素养是指公众对于科学的了解程度（金兼斌，2002）。

Laugksch（2000）对科学素养的测量是通过科学本质、科学知识、对科学的态度、科技的社会影响等维度来实现的，强调公众对于"科学"概念的理解。反观社会学对于科学素养的测量，则认为没有一套科学素养是可以适用在任何场景下的（Laugksch，2000），对于科学素养的测量方式需要因地制宜，必须要考虑到个体、机构、社会等整体因素。因此，很难有一套公认的科学素养量表（Rutherford & Ahlgren，1990）。

在众多测量科学素养的问卷当中，以米勒（Miller，1996）所提出的科学素养量表最具代表性，一直被美国政府和调查机构所沿用，也是我国在测量公众科学素养时最常引用、借鉴的量表。米勒将科学素养分为三个维度：（1）科学知识，指掌握足以阅读媒体上不同科学观点的词汇和科学术语；（2）科学方法，指对科学探究过程或推理逻辑具有一定的了解；（3）科学与社会关系的理解，指对科学技术对个人和社会的影响具有一定程度的认知。2006年，米勒在过去研究的基础上设计了一套指标体系，用来测量"科学技术对个人和社会的影响"，并分别在美国、欧盟、加拿大和日本进行调查，利用结构方程模式来测量影响公众支持科学政策的态度。不同于以往的是，他将科学素养中的"科学知识"与"对科学技术发展的态度"关键指标分立，并放在结构方程模式中进行检验，分析两个科学素养的重要维度如何对"公众对科学政策的态度"起到作用。

二、转基因科学素养的概念化与操作化定义

有鉴于此，本研究在设计转基因技术的科学素养问卷上参考米勒

（2006）对于科学素养的三个维度定义，即科学知识、科学方法以及对科学与社会关系的理解，以此作为转基因科学素养问卷的概念发展基础。

回顾过往学者对于转基因知识的相关研究，最早可追溯到 1996 年第一个转基因食品上市时，Kamaldeen 和 Powell（2000）针对巴西民众所作的调查。在国内则有钟甫宁等人进行与转基因技术相关的科学知识研究，其研究发现，大多数中国民众并不具备转基因食品知识，甚至有超过 50% 的城市居民没有听说过转基因食品（Zhong et al., 2003）。近几年来，国内外对于转基因技术的讨论逐渐增多，受众对于转基因技术的熟悉度也有所提高。在唐永金（2015）的调查中，发现有 90.9% 的受众表示知道转基因技术，即使认知程度仍然很低，但对于转基因技术这个科学名词并不陌生了。

整理过去国内相关文献可以发现，转基因"科学知识"确实会对受众态度产生影响（项新华、张正、庞星火，2005；刘玲玲，2010；唐永金，2015）。国内对于转基因知识常见的测量方式，多为询问受众是否"知道"转基因技术。如唐永金（2015）以"熟悉""了解""知道"和"不知道"等选项，来测试受众对于转基因技术的知识水平。刘玲玲（2010）则是询问受众对于"杂交育种技术""转基因""农业生物技术"和"转基因食品"等概念的了解程度。然而，"知晓""知道""听过"并不能作为转基因知识水平高低的判断标准，只能说是个体自我判断对转基因技术的了解程度，而同样的知晓程度，不同个体的自我判断可能差别很大。

如果对于转基因知识的测量仅止于询问"知晓"，便很难用科学、量化的方法去推断整体民众的知识程度。因此，在弗鲁尔（Frewer，1997）和布雷达尔（Bredahl，2001）的知识测量上，就有提到与转基因相关的知识题，包括："所有加工食品均采用转基因产品制成""自然并不一定意味着健康""没有法律规范在食品生产中使用基因技术"等。布罗萨德和尼斯比特针对农业生物技术，对纽约民众进行知识测量问卷调查，在问卷题目设计上，除了请受测者自评对农业、食品生物技术和基因工程的了解程度外，研究也询问了受测者对其科学方法的了解。题目包括："为了生产出更好的作物，将已知的基因转到植物上已经被植物育种专家实践了很长一段时间""在自然界中，植物通过授粉将自己的基因传授给其他种类的植物""基因就是引导细胞生产蛋白质的东西""通过基因工程技术，科学家可以生产出自然界中不存在的基因""通过改变植物基因物质获得更好的作物，已经被植物育种专家使用了长达几个世纪"等，并请受测者根据题目填答"非常同意""同意""不同意""非常不同意"和"不知道"（Brossard & Nisbet，2007）。项新华、张正和庞星火（2005）也在转基因知识测量中新增题目："传统大豆和转基因大豆中，谁有基因"，回答正确率为 49.3%。

可以看出，在以往针对转基因技术的科学知识测量上，并没有完整的理论和成熟的量表可供参考。因此，如何建构转基因知识量表，也成为理解有关知识和态度关系之关键。本研究以科学素养量表为基础，再针对与转基因技术相关的科学知识来建构受众的科学知识量表。

此外，通过访谈转基因技术研究的相关科学家，本研究发现在设计转基因科学素养量表中对于测量一般受众的转基因科学素养必须体现几点概念：第一，传统食品与转基因食品的风险性，如传统杂交水稻也是通过基因变异而来的，杂交水稻与转基因水稻都存在风险；第二，转基因技术发展的必要性和面临的困境；第三，转基因技术的基本原理；第四，转基因食品的安全评价方法与问题。

从以往学者的研究中发现，受众对于科学知识的了解程度，确实会影响科学态度（Brossard & Nisbet，2007）。此外，民众对于科学的理解程度也会因个体差异（比如，不同学历、背景、职业等人口学特征）而有所差别。因此，在进行争议性科学技术的科普活动前，应该先厘清以下三个问题：第一，不同受众对于知识理解的差异性；第二，不同受众在搜寻信息时，选择的新媒体渠道与其知识水平之间的关联性和差异性；第三，有关争议性科技的不同知识构成，最终又将如何影响受众的态度与行为。借此了解受众在信息爆炸时代如何选取信息，建构自我对争议性科技的认知，进而形成对特定科技及产品的态度。上述三点也构成了本章的主要关注问题和内在思路。

第二节　公众的转基因科学素养调查

一、转基因的科学素养测量

参照科学素养概念与操作化定义，本研究设计了专门测量转基因技术的科学素养量表，变量分为三个维度：科学原理、转基因技术的发展现状和对社会发展的影响。在科学原理的测量中，分为两部分：第一，以主观角度让受众通过自评方式自我判断对转基因技术的了解程度；第二，以客观的方式设计转基因技术的知识题目，去测量公众对于转基因技术的知识水平，并通过公众答题的得分高低来分类其了解程度。

（一）转基因技术的科学原理

第一部分考察公众对于转基因技术和相关生物技术的了解程度。调查的受测者以自评方式判断对杂交育种技术、农业生物技术、转基因技术、转基因食品等知识点的了解程度。其中，杂交育种技术是指通过传统的育种技术，将两个或多个品种的优良性状通过交配集中在一起，然后再经过选择和培育获得新的作物品种，如杂交水稻；农业生物技术则是指运用基因工程的生物技术来改良动植物品种生产性状的新技术。

调查结果发现，公众对于转基因技术的了解程度较高，有80.8%的人表示经常听到、了解及非常了解转基因技术（*Mean*=3.369），相较之下，对于农业生物技术公众则比较陌生，约有68.2%的人表示经常听到、了解及非常了解（*Mean*=3.056）；对杂交育种技术约有79.7%的人表示经常听到、了解及非常了解（*Mean*=3.353）；对转基因食品则有79.5%的人表示经常听到、了解及非常了解（*Mean*=3.419），详见表3.1。此调查结果也呼应了当前社会对于转基因技术的热点讨论现状，在新闻报道、社交媒体的讨论中，转基因技术、转基因食品确实较常出现在公众视野，而杂交育种技术属于传统育种技术，因此公众对此并不陌生。

表 3.1　转基因的科学素养（自我评价）测量

	杂交育种技术	农业生物技术	转基因技术	转基因食品
从没听说过	8.4%	12.6%	7.4%	7.7%
听过一两次	11.9%	19.2%	11.9%	12.9%
经常听到	34.2%	32.3%	36.4%	30.7%
了解	27.0%	21.7%	25.2%	27.4%
非常了解	18.5%	14.2%	19.2%	21.4%
总计	100.0%	100.0%	100.0%	100.0%
平均值	3.353	3.056	3.369	3.419
标准差	1.1592	1.2162	1.1393	1.1794
最小值	1.0	1.0	1.0	1.0
最大值	5.0	5.0	5.0	5.0

第二部分则是通过对错题来测量公众对"生物技术的科学原理"与

"转基因技术的科学原理"的理解程度，测量题目是受众在义务教育中所习得的科学知识，也是欧美国家在测量公众科学素养时所包含的题目，问卷题目具有内容效度。"生物技术的科学原理"概念测量题目包括："孩子的性别是由父亲的基因所决定的"，此题公众填答正确率占60.2%；"人类基因组与大猩猩基因组相似度为98%"，正确率占67.8%；"所有的生物都是由细胞所组成"，正确率占70.8%，平均每道题目都有超过六成的民众答对。

转基因技术的知识具有其复杂性，如果只是单单用上述科学素养题目来测量，并不能反映出受众是否了解转基因技术。因此，本次调查在科学素养变量中的"科学原理"维度上，加入了与转基因技术相关的题目，期望能更好地呈现"转基因技术的科学原理"概念。测量结果显示，有超过半数的人答对以下几题："转基因技术是把已知的优质基因导入生物体基因组中"，填答正确率占58.3%；"转基因作物和传统杂交作物都是通过基因变化所产生的育种"，正确率占53.5%；"转基因番茄中含有基因，但普通番茄中不含基因"，正确率占67.8%；"一个人吃了转基因食物，他／她的基因会发生改变"，正确率占60.2%。这些题目与近几年来政府推广的转基因科普内容具有相关性，某种程度上可以反映出科普的效果。

转基因技术发展以来，相关的谣言数不胜数。本书在问卷设计上也把网络点击量很高的转基因技术虚假信息纳入测量范围，以了解网络媒体是否能影响并建构公众对转基因技术的认知。题目包括："经过许可的转基因作物制作的食品，其风险并不会比传统育种作物大"，正确率占37.0%。此题的答案反映出公众对于转基因技术的疑虑和对其安全性的误解。当前，市面上通过国家认证许可的转基因作物，其食品安全性是通过国家层层检验的，因此其风险性不会比传统育种作物大。"把动物基因转入植物体中是不可能的"，正确率占 40.9%，目前，转基因技术已经可以做到将动物基因转入植物体中。"把鱼基因转入番茄中，培育出的转基因番茄会有鱼味"，正确率占 43.5%。此道题也可以反映出公众对于转基因技术的误解，且无法跳脱传统育种技术的概念。基于传统育种概念，部分受众认为两种物种在经过基因重组后，仍会保留两种物种的显性特征。详见表 3.2。

表 3.2　转基因的科学素养（科学原理）测量　　　　%

维度	测量题目	正确	错误
生物技术的科学原理	a. 孩子的性别是由父亲的基因所决定的	60.2	39.8
	b. 人类基因组与大猩猩基因组相似度为 98%	67.8	32.2
	c. 所有的生物都是由细胞所组成的	70.8	29.2
转基因的科学原理	d. 转基因番茄中含有基因，但普通番茄中不含基因	67.8	32.2
	e. 一个人吃了转基因食物，他 / 她的基因会发生改变	60.2	39.8
	f. 把动物基因转入植物体中是不可能的	40.9	59.1
	g. 把鱼基因转入番茄中，培育出的转基因番茄会有鱼味	43.5	56.5
	h. 转基因技术是把已知的优质基因导入生物体基因组中	58.3	41.7
	i. 经过许可的转基因作物制作的食品，其风险并不会比传统育种作物大	37.0	63.0
	j. 转基因作物和传统杂交作物都是通过基因变化所产生的育种	53.5	46.5

（二）转基因技术的发展现状

转基因科学素养第二个测量维度为"转基因发展现状"，测量题目包括：（1）"我国批准商业化种植的转基因作物有哪些？"目前我国通过安全检验核准商业化种植的转基因作物为棉花和番木瓜，答对率为 2.0%，其中，值得注意的是有很多受众都误以为大豆与玉米也是通过国家许可的"商业化"作物之一；（2）"我国批准进口用作加工原料的转基因作物有哪些？"正确答案为油菜、棉花、大豆、玉米和甜菜，答对率为 0.9%，然而也有很多受众误以为番茄也是其中一种；（3）"我国是否允许转基因粮食作物种子进口到境内种植？"目前我国已经允许转基因种子进口到国内种植，答对率为 34.0%；（4）"您听说过与转基因技术相关的企业有哪些？"相关企业包括孟山都、杜邦先锋、光明乳业、伊利乳业、丰乐种业、隆平高科、厦门国贸、华立药业、通威股份，答对率最低，为 0.2%，可以看出一般公众并不知道转基因技术相关的企业；（5）"我国是否对市场上销售的转基因食品如大豆油、油菜籽油及含有转基因成分的调和油，有强制规定必须标识转基因？"答案为是，答对率相对较高，为 72.0%。详见表 3.3。

表 3.3　转基因的科学素养（转基因发展现状）测量　　%

测量题目	选项（勾选比例）	正确	错误
我国批准商业化种植的转基因作物	油菜（18.9）、番茄（47.3）、棉花（27.0）、大蒜（7.2）、番木瓜（14.1）、大豆（49.5）、土豆（21.5）、杨树（5.5）、玉米（44.9）、水稻（26.2）、小麦（21.1）、白菜（9.1）、甜椒（16.8）、甜菜（7.0）、南瓜（9.2）	2.0	98.0

测量题目	选项（勾选比例）	正确	错误
我国批准进口用作加工原料的转基因作物	油菜（14.2）、番茄（21.5）、棉花（14.4）、大蒜（5.7）、番木瓜（8.3）、大豆（40.9）、土豆（14.8）、杨树（5.9）、玉米（30.5）、水稻（16.0）、小麦（14.5）、白菜（5.1）、甜椒（10.7）、甜菜（6.6）、南瓜（5.9）	0.9	99.1
我国是否允许转基因粮食作物种子进口到境内种植	是	34.0	66.0
与转基因技术相关的企业	孟山都（17.6）、杜邦先锋（14.4）、光明乳业（15.6）、伊利乳业（19.0）、丰乐种业（19.0）、隆平高科（23.2）、厦门国贸（6.6）、华立药业（9.6）、通威股份（5.6）	0.2	99.8
我国是否有强制规定必须标识转基因	是	72.0	28.0

（三）转基因技术对社会发展的影响

第三个测量维度为转基因技术对社会发展的影响，主要检验公众对于转基因技术的社会影响的了解程度。在转基因技术的社会影响测量上，共有 8 道题目，其中，有 65.4% 的人表示相信及非常相信"转基因技术可以提升农作物产量"（$Mean=3.799$），有 49.8% 的人表示相信及非常相信"转基因技术可以降低生产成本"（$Mean=3.414$，$SD=1.2180$），有40.6% 的人表示相信及非常相信"经过许可种植的转基因作物不会导致土壤废弃"（$Mean=3.267$，$SD=1.225$）。详见表 3.4。

表 3.4　转基因技术的科学素养（社会影响）测量

测量题目	非常不相信	不相信	没意见	相信	非常相信	总计	平均值	标准差
a. 转基因技术可以降低农药使用	15.7%	16.7%	30.1%	22.6%	14.9%	100.0%	3.043	1.271
b. 转基因技术可以提高农作物营养含量	15.0%	17.8%	29.5%	22.4%	15.3%	100.0%	3.053	1.269
c. 转基因技术可以提升农作物产量	5.3%	8.7%	20.5%	31.5%	33.9%	100.0%	3.799	1.155
d. 经过许可的转基因食品不可能含有有害物质	18.0%	21.5%	30.9%	17.8%	11.8%	100.0%	2.840	1.249
e. 转基因技术可以降低生产成本	8.5%	13.7%	28.0%	27.0%	22.8%	100.0%	3.414	1.218
f. 转基因技术可以减少环境污染	14.7%	20.0%	32.4%	19.3%	13.6%	100.0%	2.970	1.235
g. 经过许可的转基因技术不可能破坏生物多样性	21.5%	20.8%	29.5%	13.8%	14.5%	100.0%	2.790	1.319
h. 经过许可种植的转基因作物不会导致土壤废弃	10.6%	13.0%	35.8%	20.2%	20.4%	100.0%	3.267	1.225

二、学习专业与科学素养的关系

转基因技术有其复杂性，因此科普过程难上加难。过往政府在宣传转基因技术的模式中，常常忽略个体的差异性。不同受众基于科学素养水平的不同，理解转基因技术的能力也会有差异。举例来说，博士生与中小学生、文科生与理科生、农村与都市居民之间，由于个体对转基因技术的认知、日常媒介和生活接触的角度存在差异，所以理解程度各不相同。因此，在进行科普宣传时，在传播内容、传播渠道与传播方式上应有针对性，需要因人而异，这样才能达到更好的传播效果。

本研究利用单变量方差对不同专业背景被试者的转基因知识水平进行差异分析，根据回收的问卷调查结果得到 F 值为 4.554，p 值为 0.012，小于 0.05，因此可以得出结论：在 95% 置信程度下，不同专业背景人群在转基因知识水平上有显著差异。通过事后多重比较，发现农、医、生物专业的被试者，其科学素养明显比理工专业被试者和社会科学专业的被试者高，而理工专业和社会科学专业被试者的差异不明显。

转基因知识包含的三个维度分别是：科学原理、转基因发展和社会影响。本研究进一步比较不同专业被试者在这三个维度上的差异，研究发现：（1）在"科学原理"维度上，得到 F 值为 5.351，p 值[①] 为 0.005，小于 0.05，因此可以得出结论，在 95% 置信程度下，不同专业背景的人群在转基因知识中的"科学原理"维度上有显著差异。通过事后多重比较，发现农、医、生物专业的被试者对"科学原理"的了解明显比理工专业和社会科学专业的被试者高，而理工专业和社会科学专业的被试者则差异不明显。（2）在"转基因发展"维度上，得到 F 值为 0.527，各专业无显著差异。（3）在"社会影响"维度上，得到 F 值为 3.054，p 值为 0.049，小于 0.05，因此可以得出结论。在 95% 置信程度下，不同专业背景人群在转基因知识中的"社会影响"维度上有显著差异。通过事后多重比较，发现农、医、生物专业的被试者对"社会影响"的了解明显比理工专业的被试者高，农、医、生物专业与社会科学专业则无显著差异，且理工专业和社会科学专业的被试者也无显著差异，详见表 3.5。

---

① F 值是 F 检验的统计量，也就是组间和组内的离差平方和自由度的比值。显著性就是与 F 统计量对应的显著性水平，以 p（P value）来表示，指的是当原假设为真时所得到的样本观察结果或更极端结果出现的概率。p 值越小，表明结果越显著（*p<0.05，**p<0.01，***p<0.001）。

表 3.5 学科专业与转基因知识的差异

变量	组别	平均数	标准差	*F* 值	事后检定
转基因知识	农、医、生物	3.382	0.591	4.554*	农、医、生物专业 > 理工专业；农、医、生物专业 > 社会科学；理工和社会科学差异不明显
	理工	3.054	0.648		
	社会科学	3.057	0.564		
科学原理	农、医、生物	3.822	0.600	5.351**	农、医、生物专业 > 理工专业；农、医、生物专业 > 社会科学；理工和社会科学差异不明显
	理工	3.411	0.820		
	社会科学	3.325	0.794		
转基因发展	农、医、生物	2.775	1.387	0.527	各专业无显著差异
	理工	2.554	1.162		
	社会科学	2.558	1.227		
社会影响	农、医、生物	3.550	0.749	3.054*	农、医、生物专业 > 理工专业；农、医、生物和社会科学差异不明显；理工和社会科学差异不明显
	理工	3.198	0.833		
	社会科学	3.288	0.667		

* $p<0.05$，** $p<0.01$，*** $p<0.001$

三、新媒体使用对科学素养的影响

在确定了转基因科学素养的概念化与操作化定义后，本研究进一步探讨影响民众掌握转基因知识的因素。其中，受众的新媒体使用是一个重要因素。在网络时代，新媒体能够快速传送信息、降低信息获取成本并存储大量信息，因此，当受众面对转基因技术这个新科技名词时，网络媒体常常成为受众建构转基因知识的重要途径。但新媒体本身是一个众声喧哗的公共领域，网络平台犹如一把双刃剑，既可以是科学知识的传递平台，也可以是网络谣言的孕育摇篮。科学家、网络意见领袖、媒体、有机食品公司和种子公司、有关非政府组织，纷纷就转基因议题在网络上发表意见或进行争论，利用新媒体来影响受众对于转基因的了解和理解，并进而试图影响受众对转基因的态度与行为。

早期有关转基因的讨论大多发生在论坛上，通常由某些用户通过问题发布的方式引出话题，但实际引起关注的比例并不高，只有 36% 左右（Triunfol & Hines，2004）。即使如此，网络论坛确实引发受众关注转基因事件，某种程度上也建构了受众对于转基因技术的最初印象和认知。在我国，2012 年的"黄金大米"事件标志着转基因议题正式进入公众视野，引发了广泛讨论。范敬群、贾鹤鹏等人（2013）以新浪微博为例，研究受众对中美科研人员在湖南进行"儿童食用黄金大米"试验事件的反应，发现在转基因议题上，网民往往只关注自己认同的舆论圈，具有明显的回音壁效应（echo chamber effect）。

微博平台确实可以引起受众对于议题的关注与讨论，但鉴于信息的复杂性，受众往往难以辨别真假。可以预见，如果与转基因技术相关的网站、博客或论坛充斥着虚假信息和伪科学，将会给受众的转基因知识建构带来十分不良的影响。如何在新媒体中进行有效科普宣传，已成为各国在推进转基因技术和产品时的一项重要工作。但转基因科普工作，不只是架设一个科学传播网站而已。Wang 和瓦斯特通过研究发现，美国和德国农业协会的网站只发布常规的农业科普知识，并不具有互动功能，实际的传播效果很有限，而国内不少转基因科普网站也有类似状况。总体而言，过往研究发现，新媒体在转基因知识传播中的潜力和作用并没有得到很好的发挥（Wang & Waters，2012）。

在互联网已经日益成为人们获取科学知识重要途径的今天（金兼斌等人，2017），我们有必要厘清受众在众声喧哗的网络环境中到底是如何利用新媒体渠道（如网络新闻、微博、微信公众号等）来关注转基因事件的？这些不同的新媒体渠道又是如何影响受众的转基因知识获取的？本研究通过考察民众在新媒体使用中对转基因相关内容的关注，来探测和回答这些问题。通过问卷调查的数据分析，得到以下几点发现。

1. 网络新闻关注程度与转基因知识的差异

借由单变量方差分析得到 F 值为 9.054，P 值为 0.000，由于显著值 0.000 小于 0.05，因此，可以推论一般大众的转基因知识会因"网络新闻关注程度"不同而有所差异。研究进行事后多重比较发现，越多关注网络新闻的受众，其转基因知识水平会比较少关注网络新闻的受众要高。

2. 微博新闻关注程度与转基因知识的差异

借由单变量方差分析得到 F 值为 2.793，P 值为 0.025，由于显著值 0.025 小于 0.05，因此，可以推论一般大众的转基因知识会因"微博新闻关注程度"不同而有所差异。本研究进行事后多重比较发现，越多关注微博新闻的受众，其转基因知识水平会比较少关注微博新闻的受众要高。

3. 微信公众号关注程度与转基因知识的差异

借由单变量方差分析得到 F 值为 13.573，P 值为 0.000，由于显著值 0.000 小于 0.05，可以推论一般大众的转基因知识会因"微信公众号关注程度"不同而有所差异。本研究进行事后多重比较发现，越多关注微信公众号的受众，其转基因知识水平会比较少关注微信公众号的受众要高。

第三节　科学素养对态度的影响

本研究考量了在新媒体环境下，公众对于转基因知识的建构大都

源于网络新闻与社交媒体平台。因此，本节以结构方程模型来检验
网络媒体的信息如何刺激公众对于转基因知识的建构，并且影响其
行为。

一、知识对态度的影响

转基因食品的发展与产业化需要仰赖公众的支持才能进入市场并被
广泛利用。因此，受众对转基因食品接受与否，成为此类研究的一个重
点。弗鲁尔、霍华德和谢泼德是最早探讨转基因知识与态度之间的关系
的学者。他们采用实验法，将产品分别用 4 种不同方式包装，包装上分
别标示转基因食品与非转基因食品，并说明产品优点，以此来测试受众
的购买意愿。弗鲁尔等人的研究发现，受众对转基因知识了解有限，个
人经验与知识不足以判断转基因食品是否蕴含风险，所以必须依靠其他
可信度较高的信源意见（Frewer et al.，1994）。

随着转基因技术的日益发展，更多的转基因食品出现在民众的餐
桌上，受众对于"转基因"这一名词不再陌生，转基因知识对态度的
影响也有更多的研究来加以检验和解释。不同理论对于知识的影响力
有不同的看法与预设，在科学传播研究中，研究者把科学知识作为影
响受众态度的关键因素，并发展出科学素养这一概念，认为受众的科
学知识水平提升会改善他们对新科技的态度（Miller，1983）。根据国
外的公民科学素养调查报告，的确可以发现受众的知识水平与其对
新科技的支持度有相关性（Alum et al，2008）。大量研究发现，受众
的转基因食品知识水平高低，会影响其态度：知识水平越高者，对
于转基因技术的态度也越正面（Hoban，Woodrum & Czaja，1992；
Hallman et al，2002；Hallman，Adelaja & Schilling，2003）。同样的发

现也出现在国内学者的研究中（黄季焜等人，2006；唐永金，2015）。2015年《中国公民科学素质调查》显示，一般受众的科学素质水平和转基因知识水平越高，越愿意支持转基因技术的应用（任磊、高宏斌、黄乐乐，2016）。

在风险传播领域，研究者对于科学知识的影响力有不一样的看法。他们认为在讨论争议性科技问题时，受众的风险感知才是影响态度的关键变量，并强调受众的科学知识水平并不能决定受众的转基因接受度（范敬群、贾鹤鹏，2015）。因此，在风险传播视野下，研究者对于科学知识与态度的关系的理解，更多是把风险感知视作中介因素，认为知识对态度的影响是间接而非直接的。如布雷达尔（2001）针对丹麦、德国、意大利和英国民众进行对转基因酸奶和啤酒的态度研究时，在设计受众接受转基因技术态度的模型中，仅将科学知识作为外生变量，从风险角度探讨知觉风险、知觉利益如何影响态度。研究发现，科学知识须通过知觉利益才能对态度产生显著的负向影响。Verdurme 和 Viaene（2003）则在布雷达尔的模型基础上进行修改，除了保留原有的知识变量以外，另外加入了文化和社会经济地位等变量，观察这些因素整体对态度的影响。研究结果一样确认，科学知识须通过风险感知才能对态度产生间接影响。还有一些研究发现，科学知识对风险感知并无影响力，认为科学知识与风险感知之间并无相关性，影响力也有限（Sjoberg，2001；贾鹤鹏、范敬群、闫隽，2015）。从上述文献探讨中可以看出，在风险传播中，大部分研究把知识列为需要其他中介变量才能影响态度的因素，少有探究知识对态度的直接影响（Bredahl，2001；Sjoberg，2001；Verdurme & Viaene，2003）。

二、从刺激－反应理论看态度的变化

科学知识让科学传播与风险传播在研究上有所交集。虽然在讨论科学知识与态度的关系问题上，两个理论有不同见解，但不可否认，科学知识在两类研究中都占有一定地位。在众多讨论知识与态度的模型中，以心理学中的刺激－反应（S-R）模型和知识－态度－行为（K–A–P，Knowledge-Attitude-Practice）模型最受关注。但 K–A–P 模型忽略了外在环境对知识与态度的影响。考虑受众对转基因食品的态度会受到科学知识之外诸多因素的影响，相较之下，S-R 模型更适合作为我们探究知识—态度关系的基本框架。

在心理学中，S-R 模型长期被用来研究受众的态度转变，并以伍德沃恩（Woodworth，1965）提出的 S-O-R（Stimulus-Organism-Response）模型最被广泛运用。S-O-R 模型和传统 S-R 模型的不同之处，强调刺激（S）并不会直接对受众行为产生反应（R）；受众的行为态度是以"有机体内部状态"意识作为中介变量。到 1974 年，梅拉比安（Mehrabian）与吕塞尔（Russell）又对模型进行改进，提出 O-S-O-R（Orientation-Stimulus-Orientation-Response）模型才是对受众行为一般模式的最好概括：模型中的第一个 O 代表个体在结构、文化、认知和动机方面的基本特征，包括基本的人口统计学背景、居住所在地情况等；S 代表的是刺激，在传播学的讨论中，视大众媒介中的信息消费和人际社会网络关系为刺激源，它们会共同影响第二个 O，即知识和风险感知，最后形成受众的态度和行为。

S-O-R 和 O-S-O-R 模型认为受众的态度是由外在刺激源所引发的，这种刺激会直接或间接地影响受众的生理、心理状态。人们在各种因素的刺激下，会产生特定的动机和行为意向，并作出是否购买产品的决定。

布罗萨德和尼斯比特（2007）在其研究中，就以 O-S-O-R 模型为基础，讨论影响美国公众对农业生物技术态度的因素。模型中第一个 O 代表个体的基本特征，指人口统计学特征（包括性别、年龄、受教育程度及收入等）；模型的 S 代表刺激源，指"信息来源的异质性""关注报纸报道""关注国家电视新闻报道"，并对"生物科学技术知识"（第二个 O）产生影响，最后形成 R，即"受众对农业生物技术的态度"。研究发现，农业生物技术知识水平的高低会正向影响受众的态度。

影响受众态度的因素相当多元且复杂，因此不能只单一检视特定变量之间的线性关系。在布罗萨德和尼斯比特运用 O-S-O-R 模型的过程中，通过变量间的结构关系，可以更清楚地了解，除了知识变量外，还需考虑到外在环境对知识的建构与影响。因此，本研究参考 O-S-O-R 模型，来探讨影响受众对转基因态度和行为的模型：第一个 O 为个体的人口学变量；S 即刺激源，是外在媒体接触，并影响第二个 O，即转基因知识；最后形成受众的态度与行为。详见图 3.1。

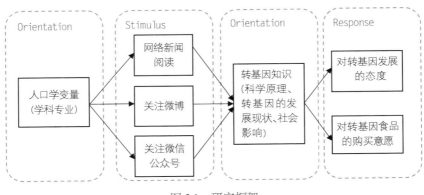

图 3.1　研究框架

三、媒体使用与科学素养对态度的影响

考虑到影响公众对转基因行为态度的因素涉及多层面特性，所以本研究采用结构方程模型（Structural Equation Modeling，SEM）的分析方法。结构方程模型目的在于评鉴理论模式是否能解释实际观察所得的数据，或者说理论模式与观察所得数据的差距程度（吴明隆，2009）。一般而言，结构方程模型包含了测量方程和结构方程两部分，测量模型描述了潜变量与各指标之间的关系，结构模型则描述了不同潜变量之间的路径关系。

在本研究中，转基因知识、受众态度和购买行为是模型中的潜变量（latent variable），因此，首先需要确认观测变量与潜变量（因子）之间的关系来对模型进行建构。研究采取了固定载荷法（unit loading identification constraint），模型拟合结果达到理想水平（p-value=0.000，自由度=52，卡方=257.345；卡方／自由度=4.949，gfi=0.968，agfi=0.945，rmsea=0.057），详见图 3.2。

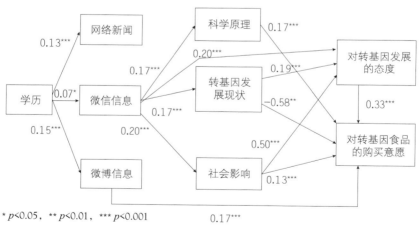

* $p<0.05$，** $p<0.01$，*** $p<0.001$

图 3.2　转基因知识对受众态度与行为的影响模型

在删除不显著路径后，模型整体拟合程度提高，借由结构方程模型分析结果表明，O-S-O-R 模型可以说明影响受众对转基因的态度与购买行为的过程：（1）从第一个 O 对 S 的影响可看出，个体的学历高低会对网络新闻使用、微信、微博信息关注产生正向影响，即学历越高者，越会在网络、微博、微信公众号中关注转基因相关新闻。（2）S 对第二个 O 的影响，即关注微信公众号会对"科学原理""转基因发展现状"和"社会影响"产生正向影响。（3）第二个 O 对 R 的影响，会因转基因知识维度不同而有不同的影响，其中"科学原理"会对购买意愿产生正向影响；"转基因发展现状"会对态度产生正向影响，但对购买意愿却是负向影响；"社会影响"对态度与购买意愿都是正向影响。（4）关注越多的转基因微博信息，越会直接对购买意愿产生正向影响。（5）关注越多的转基因微信公众号信息，越会直接对态度产生正向影响。

根据 O-S-O-R 模型可以得知，受众的学历越高，越会关注网络中与转基因相关的新闻信息；而关注越多的微信公众号，转基因的知识水平也会相对提高；转基因知识水平越高者，越会支持转基因技术发展。针对此模型，本研究提出以下几点结论与发现。

1. 不同科学知识点的差异影响

此次研究结果回应了科学传播与风险传播中不同科学知识点对态度的影响。本研究发现，转基因科学知识量表中的"转基因发展现状"和"社会影响"这两个维度，会直接对态度产生正向影响。研究结果呼应了前人研究，即受众的转基因食品知识水平高低会影响其态度：知识水平越高者，其对于转基因技术的态度也越正面（Hoban, Woodrum & Czaja, 1992; Hallman et al, 2002; Hallman, Adelaja & Schilling, 2003; 黄季焜等人，2006; 唐永金，2015; 任磊、高宏斌、黄乐乐，2016）。

与以往研究不同之处在于，本研究细化了转基因科学知识变量的维度，探讨三个维度对态度产生的直接影响。对比本研究结果则可以发现，转基因科学传播成效不彰的因素可能是现今的科普重点多在转基因的科学原理与对社会影响的内容上。这也呼应国内大部分科学家在推动科普工作中所强调的科学知识常常侧重科学原理，而忽略争议性科技知识的"发展现状"和"社会影响"。

2. 中介变量的可能影响

从风险传播角度来观察本研究中"转基因发展现状"变量对购买意愿产生负向影响，推论影响原因可能是受其他中介变量的影响（如受众的风险感知）。因此，在风险传播视野下，研究者对于科学知识与态度的关系的理解，更多是把风险感知视作中介因素，认为知识对态度的影响是间接而非直接的（Bredahl，2001；Sjoberg，2001；Verdurme & Viaene，2003；贾鹤鹏、范敬群、闫隽，2015）。过往研究在纳入风险感知与风险利益等中介变量后，发现确实会对受众的态度与行为产生负向影响（Bredahl，2001）。从上述的以往研究中可以看出，在风险传播中，大部分学者在研究知识与态度的关系时，会考虑到中介变量的影响性（Bredahl，2001；Sjoberg，2001；Verdurme & Viaene，2003）。

3. 社交媒体平台的差异影响

从本研究 O-S-O-R 模型中可以发现，并非所有新媒体平台的使用都会提升受众的转基因知识水平，本研究结果发现，仅有微信公众号才能提高受众的科学知识水平。从网络新闻、微博信息到微信公众号的关注，可以看出受众在不同平台上对资讯的涉入程度差异——从低涉入程度到高涉入程度；从资讯可见到信息搜索，再提升到主动关注公众号，都会影响受众对于转基因知识的建构。根据 CNNIC 第 49 次报告，受众对于微信的依赖程度更高，使用时间相对网络新闻与微博更长。微信使用时间长短也会占用受众在其他新媒体平台获取知识的时间，影响科学知识构建的程度。然而，在以前的研究中，有学者认为接触越多的媒体报道，越会对受众的科学知识产生不良影响，原因是阅读媒体的时间挤压了受众的学习时间（Shanahan et al., 1997）。即使如此，仍不可忽视未来新媒体对于受众科学知识与态度的影响力。

第四节　科学素养与科普活动的未来发展

在科学传播与风险传播研究领域，知识与态度的关系一直是一个重要的研究问题。本章聚焦科学素养概念，设计测量转基因知识的量表。根据数据分析结果发现：第一，一般受众（大学以上学历）的转基因知识高低确实会因"专业不同"而有所差异；第二，一般大众的转基因知识高低会因"新媒体平台的关注程度不同"而有所差异；第三，借由结构方程模型检验知识变量与其他变量之间的关系后，发现转基因知识维度中的"转基因发展现状"和"社会影响"会对态度产生正向影响，而不同的知识维度对于购买意愿的影响也有差异，如受众对"科学原理"和"社会影响"的知识了解越多，越会购买转基因产品；但了解越多的"转基因发展现状"知识，越会降低受众的购买意愿。

政府推广转基因科学技术，须仰赖民意的支持，如果市场不接受这个新科学技术，不被民意所接纳的新科技自然就没有发展与存在的必要。要使转基因技术顺利发展，加速转基因食品的产业化，就必须先重视科普工作，提升受众的科学知识水平。然而，科普工作并非把全部转基因相关理论强推给民众。在策划科普活动方式和内容前，需先考虑不同受众接受知识的差异性，明白哪些知识点可以有效地影响受众的态度与行为，才能真正提升科普效果。因此，要提升受众对转基因技术的支持度，可以注意从以下几点入手。

一、转基因科普工作须"因人而异"

面对不同的受众，须用不同的方式来沟通，并以受众听得懂的语言来传达转基因知识。国家每年投入大量资源进行科普活动，但效果欠佳，不少民众并不买账，导致科普沦为科学家和科普工作者的自言自语。其中，问题包括科学家的沟通技巧与态度，科学家有时容易以上对下的高姿态来面对受众，在科普遇到困难不被群众理解时，容易沮丧泄气，认为公众无法理解科学，从而断定无法与民众进行理性沟通。因此，面对不同的受众，科学家应该调整科普内容和方式，以受众"听得懂"的语言来说明，这样才能提高科普效果。

二、利用微信公众号提高受众的"转基因知识"水平

研究发现，受众关注微信公众号可以提高对转基因技术的了解。基于微信媒体的特性，微信已成为目前国人每天接触的媒体渠道，受众在主动关注公众号信息的过程中，长时间关注、阅读能够更有效地提高对转基因知识的了解。虽然如此，受众处于信息爆炸的环境中，面对网络泛滥的信息，该如何辨识"正确的转基因知识"？因此，如何最大限度消减网络中的"谣言"与"伪科学"的影响，也成为科普的重要工作，以确保受众在新媒体中可以获得正确的转基因知识。

三、须有针对性地对受众普及有关科学知识

过去大量研究证实，加强受众对科学知识的理解，有助于提升受众对转基因技术的支持态度与行为（项新华、张正、庞星火，2005；刘玲玲，2010；唐永金，2015；Brossard & Shanahan，2003；Brossard & Nisbet，2007;Mielby，Sandøe & Lassen，2013）。如要改变受众对转基因技术的态度，首先转基因技术的科普内容应该着重在"转基因发展现状"与"社会影响"的相关知识上。如果要促使受众购买转基因产品，则需要提高其对"科学原理"和"社会影响"的了解。

政府与科学家欲使转基因技术顺利产业化，必须先改变受众的态度，进而才能影响其购买行为。因此，科普首要任务应该先加强转基因知识中的"转基因发展现状"与"社会影响"概念，才能改变受众态度。等待受众态度渐趋支持转基因技术后，宣导重点可再往"科学原理"和"社会影响"两个方向发展，这样才能有利于提高受众购买意愿。转基因科学知识的普及是动态宣传，需要因时制宜。不同的阶段，宣传重点也不同。民众唯有正确地了解转基因技术带给人类的利与弊之后，才能更坚定自己"餐桌上"的选择。

第四章　科学传播与信任变迁

　　本章着重关注转基因技术领域中的群体信任、制度信任和社会信任问题。由于转基因技术的复杂性，一般公众对于转基因技术的了解通常较为有限。网络上充斥着关于转基因技术的谣言，这使得公众难以辨别真伪。因此，公众为了降低转基因技术带来的未知风险，会在生活中寻找参考群体，借由对群体或体制的信任来作出判断。本章根据转基因技术的争议点来探讨公众对于不同群体的信任差异，其中对科学家群体的信任感最高。此外，还评估了公众在转基因技术相关政策中对制度的信任程度。然而，公众对于科学家群体的信任也会受到部分争议事件或负面新闻的影响，进而降低对科学家的信任。经过研究分析与案例整理，本章最后总结在转基因议题中，群体信任、制度信任和社会信任从信任赤字、信任崩坏到信任资本重建的一系列过程与改进方法。

第一节　科学信任

一、科学信任

科学传播的发展可以分为三个重要阶段，从大众意识科学（public awareness of science）走向大众理解科学（public understating of science），再到大众参与科学（public engagement of science）（金兼斌等人，2018；Blue，2018）。早期科学传播主要从科学缺失模型（Deficit Model）角度出发，长期关注如何将科学知识正确传递给公众的问题。学者认为公众之所以拒绝新科技，主要是由于科学知识不足所造成的（金兼斌等人，2017）。但是也有实证研究证明，公众的科学知识与科学态度之间没有必然的正相关关系，科学缺失模型备受质疑（Seethaler et al.，2019）。

显然，影响公众接受新科技的因素不只有科学知识一个变量。在科普过程中，除了传播科学知识外，还需要考虑其他影响因素。因此，学者开始关注公众的心理反应。达文波特（Davenport）和普鲁萨克（Prusak）认为，提升知识的有效流动，关键因素就是信任，因为公众在社会活动中交换或分享知识，全要看知识提供者是否值得信赖，唯有公众对知识来源信任，才会降低不安全感，进而接受知识观点（Davenport & Prusak，1998）。

由于公众缺乏对生物科技的了解，因此公众会倾向依赖社会权威，通过信任科学专家来降低对科学和风险管理决策的思虑与疑惑（Siegrist，2000）。"信任"成为影响公众接受科学和技术的重要因素，尤其在预测公众对转基因态度时，"信任"更是扮演重要角色（Marques et al.，2015）。

在转基因议题上可以看出，国内民众对于科学家的信任感逐渐降低、对科学公共政策的制度信任一步一步瓦解与崩坏。公众对于转基因技术存有怀疑与不信任，强烈的不信任感源于科技发展与社会问题。经济快速发展伴随而来的是贫富不均与知沟（Knowledge Gap）等社会问题，社会资源长期被精英阶层控制，资讯的不对称更是加深民众的不安全感。因此，当科学发展成为社会争议性话题，甚至有可能危害到民众的生存环境时，公众更容易将不安全感转化为对精英、政府监管制度的不信任，导致"反专家""反精英""反知识"的风气盛行。

二、转基因负面议题对信任的破坏

相信科学权威会直接影响公众对科技政策的支持。信任科学是科普推广工作中的重要基石。信任是动态的心理状态，公众对于制度与群体的信任感会随着事件的发展而变动。信任是脆弱的社会关系，容易受谣言与负面事件的影响而瓦解。在转基因议题上，公众对于群体信任、制度信任与分布式信任的信任断裂源于以下几个重点事件。

（一）2002 年绿色和平组织公布雀巢部分产品中含有转基因原料

2002 年绿色和平组织私下检验超市中的雀巢商品，发现雀巢在中国内地销售的 6 种食品中含有转基因成分。这是转基因议题首次进入公众视野。绿色和平组织强调应保护公众的"知晓权"，将转基因产品的"选择权"交给民众，因此要求对转基因相关产品进行标识，政府必须扮演好监管角色。雀巢隐匿转基因成分的行为，引起公众对于食品安全问题的关注，隐匿的举动也让民众对转基因食品有负面想法。绿色和平组织借由此次的调查结果来影响民众对于转基因食品厂商与政府监管制度的信任感，厂商的隐匿行为造成公众对政府的监管制度丧失信心，动摇了公众对政府监管制度的信任，怀疑制度仲裁的执行力。

（二）2004 年《南方周末》报道的转基因稻米问题

2004 年 12 月 9 日，《南方周末》刊登报道《转基因稻米与 13 亿人主粮的利益悬疑》。报道直指科学家因个人利益而力推转基因水稻的产业化。绿色和平组织经过调查指出，种植转基因作物，受益最大的不是农民，而是科学家和生物公司。转基因技术具有专利权，科学家和生物公司掌握着专利，将获取巨大的商业利益。报道以现行的转基因棉花为例，指出科学家以专利入股民营公司获利，认为转基因稻米如果商业化，最后得利的是科学家与其相关公司，并非农民。此外，绿色和平组织更质疑国家农业转基因生物安全委员会对于转基因审核的公平与公正性，因为由 58 人组成的国家农业转基因生物安全委员会中，有 2/3 是转基因科学家，其中许多人是正在申请专利和申请专利通过者，环保和食品安全方面的成员非常少，只有几个人。该报有别以往转基因内容新闻，从框架转向现象，从过去科学探讨、转基因食品安全问题转向科学家利益与监管部门的管理能力上，从阴谋论角度来看待科学家的研究动机与利益。监管部门的不中立，导致许多公众更加排斥转基因水稻的商业化政策，也戕害了公众对科学家群体与政府监管部门的信任。此事件也呼应了制度信任中第二个维度所提及的"代理伦理"，即科学家能不能遵守公平正义原则，在参与转基因食品的监管过程中，以全国民众利益为优先，不受厂商市场利益所影响，坚守道德操守。

（三）2012 年湖南黄金大米事件

2012 年，美国塔夫茨大学汤光文在《美国临床营养学杂志》发表黄金大米研究论文后，立即被绿色和平组织批评和挞伐，指出该研究违反研究道德，利用儿童进行实验，在儿童不知情的状况下让其食用转基因大米。报道框架又一次聚焦政府监管问题，转基因议题也转向道德伦理与诚信问题。黄金大米人体试验的事件曝光后，更是重挫公众对于政府和科学家的信任，公众质疑科学家滥用权力，违反伦理道德，在民众不知情的情况下进行试验研究。

（四）2014年央视《新闻调查》追查 BT63 转基因水稻事件

BT63 转基因水稻是由华中农业大学生命科学技术学院所研发的专利产品，BT63 水稻具有抗虫特色，并在 2009 年获得了转基因生物安全证书，但并没有得到商业化种植的许可。然而，2014 年 4 月央视记者在武汉一家大型超市购买市售稻米，随意采样 5 包，结果发现其中 3 包含有 BT63 转基因。随后，农业部（现农业农村部）发表声明，到 2014 年，BT63 改造水稻已经过 10 年以上验证，但只通过安全认证，最终的商业销售认证还未通过，并不准许市售，售卖者皆是非法。此事件再次引发民众对于食品安全和监管部门执法效力的担忧。

（五）2014年崔永元发表赴美国考察拍摄的转基因纪录片

崔永元为了解转基因食品在美国的状况，在 2013 年 12 月 8 日到 18 日期间，走访美国的洛杉矶、圣迭戈、芝加哥、斯普林菲尔德、西雅图、戴维斯 6 个地区，对专家和民众进行了有关转基因食品的访问。在 2014 年于微博发表赴美国考察转基因的纪录片。纪录片内容带有强烈的主观意识，直指美国人害怕转基因食品且拒绝食用转基因食品，甚至认为食用转基因食品会引发其他疾病。影片内容混淆了转基因食品安全与疾病的相关性和因果性，直言转基因食品对人体可能造成的伤害。纪录片视频迅速在微博中被转发，3 个月内收到 20 572 人次"点赞"，超过 2.2 万次的转发。在 10 562 条评论中，有 90% 以上的人支持崔永元的观点，并质疑科学家和政府在推广转基因技术背后的原因（贾鹤鹏、范敬群、闫隽，2015）。崔永元拍摄的纪录片无疑增加了我国公众对于政府发展转基因技术的疑虑，对于转基因技术的讨论也从过去的食品安全上升到国家发展、利益阴谋论上。

（六）2018 年贺建奎"基因编辑婴儿"事件

南方科技大学副教授贺建奎在 2018 年宣布针对一对双胞胎进行基因编辑，将婴儿的基因（CCR5）进行修改，让她们出生后能天然抵抗艾滋病病毒（HIV）。此事件迅速引起轩然大波，震动了中国和世界，更伤害了科学家形象。贺建奎的个人行为显然违反科学伦理，破坏国际公约。此种做法深深影响公众对于科学家与科学权威的信任感，连带也影响了公众对于转基因技术与基因编辑技术的信任。

回顾过往的转基因争议事件，可以发现，转基因的负面事件会对群体信任与制度信任产生不同程度的影响。关于群体信任、制度信任的介绍会在下一节详述。在群体信任的发展过程中，公众对于科学权威存在信任真空（Trust Vacuum）现象。"信任真空"是指因为对传统专家、领袖和精英缺乏信任而产生的空间，这种信任缺乏会使恶意者乘虚而入，破坏原有的信任结构。信任科学家的公众，认为科学家会凭自身的专业知识和素养作出正确且符合公共利益的决策；反之，则以政策阴谋论的角度来质疑科学家在公共政策背后考虑私人利益。公众对于政府的制度信任，是决定人们对各种潜在风险性技术的态度的主要因素。以转基因作物为例，公众对政府风险管理的信任程度与风险判断具有高度相关性（Poortinga & Pidgeon，2005）。详见表 4.1。

表 4.1　转基因负面事件对群体信任、制度信任与分布式信任的影响

事　件	对群体信任的破坏	对制度信任的破坏
（1）2002 年绿色和平组织公布雀巢部分产品中含有转基因原料		质疑转基因相关企业牟利、政府监管疏失
（2）2004 年《南方周末》报道的转基因稻米问题	质疑科学家研究的目的与获取的利益	

事　件	对群体信任的破坏	对制度信任的破坏
（3）2012 年湖南黄金大米事件	科学家违背科学伦理对儿童进行试验	政府监管疏失
（4）2014 年央视《新闻调查》追查 BT63 转基因水稻事件		政府监管疏失
（5）2014 年崔永元发表赴美国考察拍摄的转基因纪录片	质疑科学家加速转基因作物商业化目的	质疑政府对转基因食品的安全评估
（6）2018 年贺建奎"基因编辑婴儿"事件	科学家违背科学伦理	政府监管疏失

　　转基因技术在不同国家有不同的发展，公众对转基因技术的态度也有所差异。比较美国与欧盟对于转基因技术的舆论环境可以发现，欧洲是转基因议题讨论最为激烈的地区，这和欧洲媒体对转基因技术报道内容有直接关系。欧洲新闻大都充斥着对转基因技术的风险报道、对政府监管部门的不信任、对科学家立场的质疑等内容。邦尼（Bonny）研究指出，与德国相比，美国公众在转基因议题上更受制度信任的影响（Bonny，2003）。

第二节　群体信任与制度信任

一、转基因议题中的群体信任

　　现代科学技术发展迅速，社会分工日益精细，当公众无法再依靠自身的科学知识对公共事件和国家政策发展作出正确的评价与建议时，通常会依靠外部力量来协助判断，这个外部力量指的就是公众所信任的群体。这时，公众评判的标准很可能就是他们对于外部力量的信任程度，而非事物本身（张芝云、谭康荣，2005）。尤其面对新兴科学技术时，公众会更加依赖外部群体。以转基因技术为例，当公众刚接触到转基因技术时，由于相关知识不足，造成认知与风险判断之间形成空白，这时候公众对科学家或者对代表社会管理风险技术的政府机构的信任感恰恰可以填补这块空白，协助公众作出判断。

虽然过往许多研究都证实，公众对于科学知识的了解与支持科学政策发展之间存在相关性（Brossard & Nisbet，2007），但并非在每一项新兴科学技术的发展上这种相关性都能一以贯之。尤其是在极具争议性的科学议题讨论上，仅凭公众科学知识的提升并不能完全预测其对科学发展的态度。研究发现，公众对于未知技术的信任感与风险判断会更多地影响其态度。其中，公众的信任感包括了对群体与制度的信任，在科学议题中，群体信任涉及的有科学家群体、媒体、政府和相关利益团体与组织；制度信任则是指公众对于政府监管新兴科技能力的信任。

以转基因技术发展为例，在不同群体的信任感调查中，公众对于科学家群体的信任感普遍高于其他群体；其次为医药、农业与食品行业人士；排名第三为媒体报道；最后则是转基因食品零售商与企业。由此可知，当公众面对未知的新兴科技时，基于专业性角度仍然会先选择相信具有专业素养的科学家群体。值得注意的是，在转基因技术的信任感排名中，媒体的信任感排在医药、农业与食品行业人士之后，可见公众在科学领域中，对于群体信任的排名考虑是以"专业度"为优先，这也反映出公众对于媒体从业者的科学素养与科学报道的信任危机。公众对转基因食品零售商与企业的信任感普遍较低，原因与近年来频频发生的食品安全问题有很大关系，导致公众在面对与食品相关的利益企业时，都会拒绝相信企业，原因就是，公众认为当企业在面对社会责任与公司利润时，都会优先选择企业利益，牺牲民众的食品安全。

具体调查数据如下：公众对于科学家的信任度，有 43% 的人表示信任及非常信任，有 25.2% 的人表示不信任及非常不信任（*Mean*=3.261，*SD*=1.2277）；在转基因食品的新闻报道上，有 29.3% 的人认为媒体值得信任及非常值得信任，有 35.1% 的人表示不信任及非常不信任（*Mean*=2.897，*SD*=1.1772）；对于医药／农业／食品行业人士的信任程度，有 34.3% 的人表示信任及非常信任，有 29.8% 的人表示不信任及非常不值得信任（*Mean*=3.031，*SD*=1.1650）；对于转基因食品零售商／企业的信任状况，有 24.3% 的人表示信任及非常信任，有 40.8% 的人表示不信任及非常不信任（*Mean*=2.828，*SD*=1.1890），见表 4.2。

表 4.2　转基因议题中的群体信任

	科学家	媒体报道	医药／农业／食品行业人士	转基因食品零售商／企业
非常不信任	10.8%	14.7%	12.6%	19.3%
不信任	14.4%	20.4%	17.2%	21.5%
没意见	31.7%	35.5%	36.0%	34.9%
信任	24.1%	19.0%	23.0%	15.7%
非常信任	18.9%	10.3%	11.3%	8.6%
平均值	3.261	2.897	3.031	2.828
标准差	1.2277	1.1772	1.1650	1.1890
总计	100.0%	100.0%	100.0%	100.0%

总体而言，在转基因议题讨论上，公众对科学家群体拥有较高的社会信任。数据调查结果也呼应以往研究，当公众面对不确定性高的科学议题时，在群体信任选择上都会优先选择信任科学家群体（Gauchat，2012；邹宇春，2015）。

科学家群体的社会信任感远远高于政府组织与媒体新闻报道，原因在于科学家群体除了拥有专业知识以外，对于转基因技术研究也较为了解。政府作为转基因技术的把关者自然也获得相当程度的信任感。相较之下，媒体报道信任感相对较低，可能与媒体工作者科学素养的高低有关系。当媒体工作者在处理争议性科技新闻时，很难有足够时间去理解转基因技术的原理与争议点，导致在报道上缺乏专业性，无法从科学角度来解释争议问题。而且，报道中很少能完整地用科学方法与科学原理来解释转基因事件，记者在处理转基因新闻时容易受信息来源的影响或误导，产生报道偏差行为，因此造成公众对媒体报道的信任度较低。

访谈内容：

我比较信任科学家，政府可能比较公正，媒体基本不靠谱。（男，1922，博士，机械工程）

我相信政府、科学家和媒体。（男，1992，本科，机械设计及其自动化）

自己对这个领域不了解，不过可能会信任政府和科学家较多。（女，1990，硕士，公共管理）

（一）科学家在科学领域的专业性

科学家作为连接转基因政策与公众的纽带，更需要具备可被信任的特征。公众对于科学家的信任关系，更多的是建立在对科学家群体的专业知识、实验研究能力和研究成果上。尤其在转基因议题的讨论上，科学家相较于其他群体，是最了解转基因技术的人。科学家每年都花大量时间在做转基因技术的研究，通过发表研究成果来换取在转基因议题讨论中的话语权。公众相信科学家能够凭借自身的专业知识，针对转基因议题的争议点提供可靠的研究数据，以科学方法来解决问题。科学家能够带领公众从理性角度出发，看待科学争议点，澄清与转基因技术相关的谣言。

访谈内容：

我个人对他们的信任程度是大学校内的科学家大于科技类媒体，再大于政府的，原因为科学家很难在第一时间对自己的实验成果说谎或掩饰，但进入到政策环节后我认为他们不一定能忠实地将科研成果完全或如实披露。（男，1987，博士，社会科学、生物学硕士）

科学家对转基因技术有科学的认识，研究能力可以从一定的角度进行衡量，所以我比较信任科学家。（女，1990，博士，免疫学）

我信任科学家的原因是，科学家是转基因议题中最了解这个技术的人，转基因技术的科学家更是长年以来都从事这方面的研究，所以是最有话语权的人。（男，1992，本科，机械设计及其自动化）

虽然公众普遍相信科学家在转基因技术研究领域上的权威性与专业性，但是仍有一些公众认为当转基因技术从科学研究走入公共政策后，科学家对于实验的研究成果就可能会受到外在环境因素的干扰，甚至有人认为科学家可能会为了某些利益而牺牲公众的权利，进而隐匿实验的缺失问题。因此，在转基因技术从实验室走向科技政策的过程中，随着外在影响因素的增加，公众决定是否信任科学家的因素也会变得更加复杂。

（二）科学期刊实验数据的可靠性

科学家之所以能在社会上获得较高的信任感，主要原因是科学家在转基因技术方面多年来的研究成果。公众认为，通过国际权威科学期刊刊载出来的文章更具说服力，认为科学论文会经过期刊的层层把关，由专业的匿名评审审核。评审专家与期刊编辑必须从科学角度来检验转基因技术成果的真实性，对论文中的实验方法、实验过程、实验结果提出质疑，实验数据必须具有信度与效度，且能被反复实验验证。如《科学》(*Science*)、《自然》(*Nature*)和《细胞》(*Cell*)三本期刊是科学界最具权威的学术杂志。因此，在转基因议题上，公众更愿意相信能在权威期刊上发布研究成果的科学家，他们认为，科学家无法对研究报告说谎和造假，相信科学数据的结果，而转基因技术的可信度也与发表期刊的权威性呈现正相关。

访谈内容：

只要科学家可以举出可被科学方法论证的依据，就可以信任；反之，对于凭空臆测的夸夸其谈则不信任。（男，1992，硕士，材料工程）

我会选择相信科学家的学术文章，政府和媒体毕竟也只是和我一样道听途说的门外汉，多名不同科学家的学术成果如果都指向比较趋同的方向，那我认为这个结果还是相对靠得住的。（男，1992，硕士，工业工程）

一般来说，科学家所做的科学实验大多是经得起推敲、验证的，最多隐瞒的是实验的某些特定条件，但这也算不上谎言。（男，1992，本科，机械设计及其自动化）

我会信任可以反复被"重复的数据"，而不是造假的数据！媒体的报道来源一般不可靠，更信赖这个领域的专家所说的话。（男，1987，博士，化工）

对权威机构和科学家挺信任的，因为了解转基因技术的原理后，我是觉得没什么大不了的问题，至少目前为止没出现因为食用转基因食

品而中毒等情况，而且转基因食品早就充满了我们的生活。（男，1993，本科，化工）

我信任科学家的说法，因为科学家要发表一篇学术论文，基本原则就是不能造假，且国内外的权威期刊对于文章与实验数据都会再次审核检验它的科学性。（女，1992，硕士，海洋生物）

在信任问题上，我会有选择地相信详细、完善的研究报告和长期跟踪试验的结果，不会选择相信某一个、一些科学家、政府和媒体的言论。（女，1986，博士，传播学）

由此可知，公众在面对未知的科学新技术时，更倾向寻找科学证据，科学家群体之所以被公众信任，很大程度是基于科学家的专业知识与科学实验能力，专业性与科学地位越高的科学家也越容易被信任。在转基因议题的话语权主导上，科学家之所以能获得优势，也是依靠其自身的实验数据与研究结果作为有力支撑。科学家面对科学议题能够借由科学方法与科学实验来厘清争议点与问题点，加上科学实验结果是可受检验与批评的，具有较高的公开性与公正性。通过科学传播将科研成果公开化，让公众可以加入讨论，更好地理解科学。

二、提高公众对科学家群体信任的方法

在本研究调查中发现，公众对于科学家并非完全信任，而是有选择性的，更多公众愿意选择相信具有社会责任感的科学家。除了科学家的科研成果外，科学家的品德操守与社会地位成为重要参考指标。尤其当转基因食品逐渐走入公众生活中，甚至出现在公众的餐桌上时，转基因技术不再只是科学议题，而是上升为公共政策议题。公众看待转基因技术不仅仅只是技术发展，而是技术对于社会环境甚至食品安全的影响。

社会舆论对于转基因技术的讨论不只局限于技术成熟性，更多的是从阴谋论视角分析，监视科学家与转基因技术之间的关系，还有科学家在技术发展中所扮演的角色，以及与相关的社会组织或企业团体之间是否存在利益关系。因此，大部分受访者表示对科学家群体都有较高的道德规范要求，期望科学家能跳脱名利，承担更多的社会责任。树立科学家良好的社会形象，也是提高公众对于科学家信任的方法之一。

访谈内容：

我对有社会责任感的科学家、媒体、机构是信任的，不过这样的科学家、媒体、机构很少，能做到有社会责任感很难。（女，1991，硕士，环境科学）

信任生物背景且有公德心和社会责任的科学家。因为转基因技术是科学上的应用，没有人比生物学家了解得更清楚，只有有社会责任的生物科学家才更有说服力。（女，1992，本科，药学）

科学家我还是比较相信的，毕竟真正在做研究，最接近转基因技术的就是他们。但是他们的品行无从得知，所以我对于转基因技术依然持保守的态度，支持但希望可以做更多的研究。（男，1988，硕士，计算机科学与技术）

科学家大多数的品性比较值得信任，对社会有一定的责任感，我比较信任科学家。（女，1990，博士，免疫学）

在对转基因的讨论中，公众普遍对转基因技术采取保守态度，认为转基因技术还在探索和实验证明阶段，还不完全属于一个成熟的技术。但整体上，公众还是支持该技术的研发，肯定科学家在这方面的研究成果，相信未来转基因技术的研究会有更大的进步空间。

访谈内容：

至于科学家，如果我能够直接听到他的声音，那么他的可信度就会

大些。（男，1988，博士，传播学）

处在科研一线的科学家也无法准确说出转基因技术的影响，说明有太多的东西还在探索。但在探索中我们需要采取较中立的态度，不大跃进也不全盘否定。（女，1990，博士，生物医学工程）

我谨慎地相信中国内地的科学家，但仍保持自己的判断。（男，1985，硕士，公共管理）

科学家的技术随时间推移，一定会更加进步，我对未来科技更有信心。（男，1983，博士，行政管理）

公众对于科学家与科学权威的信任，能有效提升对于转基因技术的正面态度（Brossard & Nisbet，2007）。在转基因议题探讨过程中，如果科学家能站出来直接与公众进行沟通，可以降低公众对未知技术的疑虑，带领公众从科学角度来思考问题，以科学方法来求证争议点。

三、转基因议题中的制度信任

除了上述的群体信任外，制度信任也会影响公众对转基因技术的支持与风险判断。"制度信任"指的是对政府关于转基因技术的政策制度与管理办法的信任感，公众有多大程度信任政府能够站在民众立场，用严格的标准、健全的制度规范来确保转基因技术的安全性。Poortinga 和Pidgeon（2005）以转基因食品为例指出，公众对政府风险控管的信任程度和公众的风险感知具有高度相关性。

本研究将制度信任分为"集体能力认可""代理伦理秉持"和"仲裁救济能力"三个维度（张苙云、谭康荣，2005; 梁汉伟，2013）。下面从这三个维度来分析公众在转基因议题中对于政府的风险控制能力的信任程度。第一个"集体能力认可"测量题目包括："政府会建立完整的条例和规范"（平均值 =3.48，*SD*=1.19），"政府有能力监督转基因食品的安全管理和标准制定工作"（平均值 =3.46，*SD*=1.21），"政府能确保转基因食品的安全性"（平均值 =3.11，*SD*=1.25）。从数据分析结果可以发现，公众认为政府在面对转基因技术的审核过程中，能建立完整的规范制度，有效地监督转基因技术发展。但相较之下，对政府在确保转基因食品安全性方面缺乏信任。

第二个维度则是当政府作为公众的代理人，在对转基因技术进行审查时，是否能尽到"代理伦理秉持"的能力。测量题目包括："政府发展转基因食品，是以民众的食品安全考虑为出发点，保障消费者的权利"（*Mean*=3.33，*SD*=1.24），"政府在转基因食品的检验流程中，不会偏袒特定团体"（*Mean*=3.24，*SD*=1.26），"国内发展转基因食品的相关业者，会切实遵守政府规定"（*Mean*=3.03，*SD*=1.25）。调查结果显示，公众对于政府的监管能力具有一定程度的信任，但是不信任国内相关利益团体与企业会遵守政策与规定。这与社会发展长期以来的信任缺失有关系，公众普遍不信任企业，尤其近年来食品安全问题频发，加深了公众对于企业与营利团体的不信任。民众认为即使政府制定严谨的政策规范来保证公民的生活安全与权利，企业仍会通过各种方法逃避规范，把商业利益看得比企业社会责任还要重要。

第三个维度则是分析政府在发现违法事件时，是否能发挥"仲裁救济能力"。测量题目为："政府会严惩转基因食品业者的违规情况"（平均值 =3.29，*SD*=1.22）。此问题很好地补充了当企业发生失序行为时，如何弥补被间接伤害的公众对制度的信任问题，即当企业不按照政策与规定办事时，政府通过严格的执法能力补救缺失，降低对社会的破坏力。本次公众对于制度信任的调查分析，详见表 4.3。

表 4.3　转基因议题中的制度信任　　　　　　　　　%

维度	测量题目	完全不同意	不同意	没意见	同意	非常同意	总计
集体能力认可	政府会建立完整的条例和规范	7.8	11.7	28.4	28.5	23.6	100.0
	政府有能力监督转基因食品的安全管理和标准制定工作	7.9	13.5	26.9	28.3	23.4	100.0
	政府能确保转基因食品的安全性	12.9	17.6	32.6	19.9	17.0	100.0
代理伦理秉持	政府发展转基因食品，是以民众的食品安全考虑为出发点保障消费者的权利	10.2	13.6	31.2	23.2	21.8	100.0
	政府在转基因食品的检验流程中，不会偏袒特定团体	11.3	15.6	32.0	20.2	20.9	100.0
	国内发展转基因食品的相关业者，会切实遵守政府规定	14.3	18.5	33.3	18.1	15.8	100.0
仲裁救济能力	政府会严惩转基因食品业者的违规情况	9.7	15.1	32.5	22.3	20.4	100.0

公众对于政府的信任来自对国家、政策与权威机构专业能力的认同，认为国家在制定政策的发展方向时，会把人民的最大利益作为前提，信任政府在审查转基因技术与食品时会进行严格把关，并对违法的企业进行惩罚，相信政府所公布的转基因报告和相关研究。从下面的深度访谈中了解到，公众对于国家监管方式与政策发展都具有一定程度的信任：

访谈内容：

对于政府，我觉得谎言最终一定会被揭穿，政府没必要拿自己的信誉去换转基因技术的推广。（男，1992，本科，机械设计及其自动化）

我会选择相信政府还有与转基因研究相关的政府权威机构，至于科学家和媒体，我只会作为参考意见。因为政府是管理国家的机关，能够由权威机构进行的发布，至少是经过慎重和缜密的考虑之后才决策的。（男，1993，本科，房地产开发与物业管理）

我愿意相信政府和权威科学家，对于媒体我不信任。因为目前有能力对转基因议题进行澄清的只有政府和科学家的翔实报告。（男，1980，博士，传播学）

公众对政府的制度信任程度，受政府对于风险的控管能力和政府是否会站在公众立场、保护公众这两个因素的影响（Gameroa，2011）。当公众感知到政府、科学家和自己站在相同立场，有一样的目标时，公众就会相信政府和科学家，进而信任转基因技术（Earle，2010）。因此，公众对科学家的群体信任与对政府的制度信任之间具有相关性，政府与科学家之间的关系难以分割，公众对其中任意一个群体的信任缺失都会影响到其他群体，严重时甚至会影响公众对国家的信任感。所以在转基因技术的研发过程中，公众对于不同群体还有制度的信任感是环环相扣的，彼此间相互影响。如果要提升公众对转基因技术的信任感，应该放诸整个社会信任的框架下，而非仅仅关注单一群体的信任失序问题。

第三节　信任崩坏的因素

近几年来，公众面临许多社会失信问题，诸如全球气候暖化、食品安全、核能厂兴建和核能废料处理等一系列灾难性风险（catastrophic risks），种种因素导致公众对公权力和科学权威的普遍不信任（王娟，2013；Fiske & Dupree，2014）。在转基因议题中，也出现公众对科学家、政府和媒体的不信任，加剧了社会的对立。

公众对于科学家的不信任感源自转基因技术背后的商业利益。部分媒体报道指出，国内多名科学家在转基因技术相关企业中持有股份或担任重要职位，质疑少数科学家因为私人利益才企图推广转基因作物的商业化，从中获取大量金钱。这是造成公众猜疑科学家积极推广转基因技术的背后主因（刘鉴强，2014）。科学家的失信情况也会间接破坏公众对政府与政策的信任，原因在于国内许多的科学公共政策在制订过程中，科学家都参与其中，甚至科学家的研究成果会作为转基因食品商业化与否的参考指标之一。因此，在这环环相扣的诚信生态链中，只要有一个群体出现失信行为，就会破坏整个体制的信任感，小则单一事件不被民众接受、不被信任，技术发展容易受阻碍；大则影响整体社会的信誉，破坏人与人之间的基础信任，这将对国家发展造成重大影响。

在转基因技术的问题上，如果公众认为政府和科学家不是跟人民站在同一阵线上，科学公共政策不是从人民利益出发，就容易出现矛盾与排斥状况。一旦信任出现赤字现象，就会引发全民抵制转基因技术的情况。转基因议题造成信任瓦解的原因，大致可分为以下几点。

一、社会的不信任感

信任赤字一直是国际社会长久以来存在的现实问题，公众对于转基因技术的不信任并非个案，在许多具有争议性的科学议题上，也存在相同的问题，彼此之间也会相互影响。任何一种争议性科学技术只要破坏了群体信任和制度信任，皆可能产生蝴蝶效应，连带影响公众对于其他科学技术的不信任。因此，如果公众长期处于信任缺乏的状态下，那么对国家科技发展势必会造成影响。转基因议题的讨论也深受社会长期以来不信任的情况所影响。

访谈内容：

民众不信任政府，这是普遍的社会心态，这方面的影响暂时看不见摸不着，但在关键时刻会显现出来。信任缺失无论是对政府还是对研究机构或是对媒体（媒体就更不用说了，完全没有公信力）都存在。对于转基因技术，我们首先会怀疑它的发布动机，其次会质疑它的研究结果（研究假设、研究方法）是否站得住脚。（男，1983，硕士，教育技术学）

我觉得对社会的不信任感是一直都有的，包括对政府、对媒体，对所谓的专家与个人。这不是转基因技术的问题，这是社会风气以及品德诚信的问题。人们以追求个人利益为目的，利己观念已经很深了。这不是转基因这个课题造成的，也不是转基因这个课题可以解决的。这就是身为社会一员所要面对的现实。这不是中庸而是社会成长中所要学会的取舍。（女，1987，硕士，工业工程）

因此，在研究转基因技术失信问题时，应该回到整个社会环境的信任框架下来探讨，考虑长期以来导致社会失信的具体因素，包括社会不平等、制度失衡或贫富差距等问题如何从社会层面来解决，提升公民的社会信任感。改善社会失信问题也是政府发展的首要目标，如果公众长期处于不信任的状态，就会阻碍政府推广新兴科技政策或者阻碍科学家发展新科技。因为公众在面对未知技术时，容易因为对科技的不了解，又没有可以作为参考或依赖的群体对象，而加深心理的恐惧感，更容易拒绝接受新技术。

二、转基因技术的制度与监管政策

在转基因议题上，公众对于政府的制度信任缺失，首先多聚焦于技术的"制度规范"和"监管政策"。除了质疑制度实施的完整性与全面性外，也担忧转基因技术的安全审核机制，政府是否能以公众利益为先，监管与考察机制是否完善等。

访谈内容：

对于政府和科学家的发言我会作为参考，但大部分还是会抱持怀疑的态度，因为利益当道，很多时候真假事实难辨。（女，1987，本科，经管学院）

我对转基因技术持谨慎怀疑的态度，管理体制问题是主要的原因所在。（男，1977，博士，法学）

再者，就是对于执行政策的人员不信任，担心政策执行者在执行、检验、审核过程中可能会偏袒相关的利益团体。受访者认为，相关单位的管理者和转基因相关企业也可能会为了企业利益隐瞒转基因的事实真相，损害民众的利益。

除此之外，还有另一种看法，即对执法人员专业性的质疑。受访者担心执法人员在审核转基因项目时，虽然不会偏袒利益团体，但是认为企业为了自身利益会尽可能地去欺骗政府，使得执法人员无法看清。从访谈结果也发现，受访者因为对现有管理体制的不满，导致在回应对于转基因议题的制度信任时，更多是参考自身以往经验来判断并怀疑政府推动转基因政策和发展的背后原因，反而很少聚焦于转基因技术上去思考。这也是公众在面对争议性公共事件时，大部分是对政府采取质疑态度的因素之一。

造成公众对政府的信任断裂，还有一个原因是来自对政府风险管理能力的不信任，质疑政府无法对转基因技术引发的风险或问题负责，认为转基因技术发展周期过短，无法估计其潜在风险性。这也是目前反转者批评、怀疑转基因技术的重要因素之一。

访谈内容：

对转基因相关的管理机构信任水平不高。（男，1985，硕士，公共管理）

对于政府在转基因技术上的发言权，我并不是十分信任。它们对转基因的管理是从管理的角度出发的，并不是从科学的角度；如果政府直接管理涉及转基因食品的公司，那企业的影响也可能渗入其中，这样的管理可能难以对百姓负责。（女，1990，博士，免疫学）

转基因技术如果有不好的结果，也不容易立即被发现，可能10多年以后才有数据证明转基因技术有问题。那时，支持转基因技术的政府官员早就不见了，进入没人可以负责的状态。（男，1967，博士，法学）

在转基因技术的信任问题上，充斥着大量的阴谋论、权力斗争和利益关系的讨论，政府想有效推动转基因政策发展，更需以民意为基础。因此，提升民众对政府的信任是首要工作。

三、媒体工作者的科学素养

公众对于媒体报道转基因技术的立场存在质疑，认为媒体可能会受制于其他利益团体，在广告营收上因为收受利益团体的金钱，导致在处理转基因技术的相关报道上很有可能会故意偏袒企业或利益团体。在欧美国家就发现许多转基因公司通过广告植入或者购买媒体广告的方法来影响新闻报道。

访谈内容：

我不相信媒体对于转基因的相关报道，因为背后很可能有利益关

系。媒体可能会被转基因企业收买，收了企业的广告费，在报道立场上偏袒广告主。（男，1988，硕士，计算机科学与技术）

我相信科学家但不信任媒体，因为我觉得现在媒体发展过分依赖广告主的资金帮助，新闻内容很有可能会被影响。（女，1988，硕士，视觉传达设计研究）

媒体具有可操作议题性，如被财团垄断控制，较不具公信力，这是人们担心的事。（男，1983，博士，行政管理）

此外，公众对于新闻媒体记者的科学专业度也保持质疑态度。受访者认为媒体记者在科学议题上的报道缺乏专业性，普遍缺乏科学知识，科学素质较低。为了提高新闻报道的点阅率和曝光率，新闻内容常常出现夸大不实的状况，造成公众对于媒体的不信任，也降低了媒体的影响力。

访谈内容：

我认为媒体解读有时过于主观和偏颇，这想法是有感于现今新闻记者专业程度不足之故，如 BBS 消息也能成为新闻。（女，1988，硕士，视觉传达设计研究）

现在的媒体鱼龙混杂，报道不实的情况时有发生。（女，1992，本科，药学）

媒体容易夸大其词，更有不负责任的媒体不顾科学依据，随便报道某些人的言论。如果媒体能深入了解，兼有科学依据，那这样的报道也能信一些。（女，1990，博士，免疫学）

媒体只会选择容易吸睛的报道，造成社会上越大的动荡、越多的讨论越好，因此新闻真实性有待商榷。（女，1998，硕士，信息艺术设计系）

对媒体的态度基本是看看就作罢。（男，1985，硕士，公共管理）

对于媒体来说，囿于经济利益的驱使和从业人员的素质以及民众舆

论的不理性，信息的信度不能让我满意。（男，1980，博士，传播学）

四、对于生产转基因产品企业的规范

公众对于国内转基因产品的相关企业普遍处于不信任状态，原因是社会长期发生食品安全问题，受访者认为，国内出现过太多的黑心厂商，违反食品安全法规。因此，当转基因技术要发展到食品上时，公众基于对企业的不信任，更容易倾向拒绝转基因食品。受访者认为企业与政府不同，企业发展是以商业利益为前提，因此在转基因食品的生产、制作或加工过程中，更容易偷工减料，做出危害公众利益的事情。

访谈内容：

很难完全信任国内转基因产品的相关企业，需要看到更多人尝试后可能才会去慢慢相信。因为转基因技术主要用于食品，所以我认为还是要更多地小心谨慎。（男，1993，本科，酒店管理）

第四节　信任资本的重建

信任是个人对于他人有正面意图的信念，相信施信者（trustor）不会意图伤害自己、能保障自己的权益、履行对信任者的责任与义务（Rotter，1971）。信任关系发生在不确定及无法预测的情境中，在无法确定对方的反应时，而自己又处于可能受到伤害的劣势中，但仍相信对方会有自己预期的正向作为（Anderson & Bower，2014）。信任关系会提升施信者（trustor）和被信者（trustee）双方合作的可能性（Rotter，1971）。至于不信任的关系，则是指对被信者有负面的期待，认为被信者可能会伤害自己。

抚平转基因技术带来的信任伤痕（Trust Scar）需要有计划地去重建"信任关系"，以解决社会的失信状态问题。群体信任与制度信任并非单一独立的状态，恰恰相反，两者之间有必然的关联性。因此，在重建社会信任时，必须全面考虑到两者之间的差异，双管齐下才能提升公众对中国社会总体的信任感。

群体信任与制度信任在发展上属于渐进式结构关系。在转基因议题上，要重建公众对技术的信任感，应该从群体信任出发，系统地去重建公众对科学家的信任。科学家应该更积极地参与科普活动，并将其视为社会责任，重视与公众的沟通，利用公众对信任影响者（Trust Influencers）的高度信任来推广科学政策，除了提高科学普及的效果外，也同时形塑社会大众的社会认同。

良好的群体信任状态更是制度信任发展的基石。政府应该有计划地去维护组织的信誉（Reputation），解决社会信任赤字问题。国家可通过"信誉评估系统"（Trust Score system）来评判一个主体或组织在社会中的信誉状况，通过健全的评判标准与发展体系，对群体信任与制度信任进行预警判断。政府应该从被动状态转为积极主动模式，时时分析公众的信任变化曲线，及时提出应对方案，防止信誉崩坏状况的出现。

组织在社会中积累的信誉价值可以形成所谓的信誉资本（Reputation capital）。信誉资本作为组织的一种无形资源，在社会责任与组织价值创造关系中发挥了价值传导的中介作用（刘建秋、宋献中，2010）。在转基因议题中须确保信誉资本的正向发展，才能提升公众的支持度，只有提高信誉资本，才能降低社会成本。因此，建构公众对转基因技术的"信誉"是当前的重要工作之一。

第五章　科学传播与风险社会

　　本章以风险社会概念为出发点，研究公众对于转基因技术的风险感知，并深入分析了影响公众风险判断的各种因素，通过数据分析建构了多元回归模型。研究结果表明，网络媒体使用、公众感知的网络意见氛围、社交网络关系以及科学素养都对公众科技风险的判断产生影响。公众在讨论转基因技术的风险时主要关注其安全性问题，因此政府在转基因技术的安全评估和风险管理方面扮演着关键角色。最后，本章还从转基因技术的安全性评估和风险管理角度，对比分析了美国、欧盟、日本等地的差异。这些研究成果有助于更全面地理解公众对于转基因技术的风险感知，为相关的政策的制定提供有益参考。

第一节　风险社会中的科学传播发展

一、风险社会

　　随着转基因技术的商业化发展，公众对于转基因技术所带来的潜在风险越加重视，学界对于科技风险的相关研究也相当多。当人们所期望达到的目标与实际现象出现落差时，这之间所产生的距离就称为风险。风险是由风险因素、风险事故和风险损失等要素组成的，"风险"是指在特定环境下的特定时间段内，某种损失发生的可能性。关于"风险"的定义在学界已得到广泛的认同，一般来说，"风险"概念包含了三个方面：第一，风险是指无法确定某一不受欢迎的事件是否会发生；第二，在某些情况下风险所指的是不受欢迎的事件发生的概率（probability）；第三，风险常常指称计算不受欢迎事件发生的概率与严重程度两两相乘的结果（Hansson，2002；周敏等人，2018）。简单来说，风险也可以看成是未来发生自然灾害与人为灾害（hazards）的可能性。

相比工业社会时代的风险，现代化时期的风险变得更加难以预测和控制（马凌，2007）。现代科学技术，如化学、核能与生物技术产品，与人类日常生活密切相关但却有高度的潜在风险。虽然风险本身是客观的，但是公众的风险认知却有强烈的主观性（章燕等人，2020）。部分学者认为风险社会的风险是被"制造"出来的，主要原因是他们认为风险来自公众的决策和选择，强调内在性和人为性。

公众逐渐提高对风险社会的重视，也让传统的风险概念出现变化。过去风险概念对风险沟通的意义，就是向不具备相关知识的普通民众进行科学传播，让公众可以获得有关的技术信息，使公众接受现状并寻求解决。但是在后来的发展过程中，学者认为风险评估具有特定的文化属性，后期对于风险的研究更加注重风险对社会、政治与经济产生的影响。

索比（Sowby，1965）基于风险沟通理论，为"风险"这一概念设计了一整套的对比方法。斯塔尔（Starr，1969）研究发现，风险本身的收益评估不是决定风险被接受程度的唯一因素，受众能否包容某一风险也受到人们主观意愿的影响。斯塔尔的理论为今后的风险感知研究奠定了理论基础。1987年，斯洛维奇（Slovic）在《科学》杂志发表了《风险感知》（*Perception of risk*）一文，这篇文章成为风险研究转型实践的标杆，它意味着以后风险传播领域研究的重点从描述和分析风险与教育公众逐渐转向公众的风险认知。"风险感知"广义上指的是人们对风险的一般评估和反应，狭义上指人们依赖直觉对有潜在威胁的事物进行风险判断（Slovic，1987）。斯洛维奇（1987）利用心理测量范式模型对风险感知进行了不同维度的测量，这个研究基于两个认知：一是对于风险的感知是可以量化的，并且可以通过量化的分析对风险进行预测；二是不同的个体对于风险的认知是具有差异的。风险感知反映了群体价值观、意识形态和社会文化建构（Wildavsky & Dake，1990）。兰福德（Langford，1999）等人提出了一个概念性模型，主要基于两点假设：首先，不同个体对于风险的评估标准不同，甚至同一个体会有多个标准，一些极端事件会在某些情况下操纵人对风险感知的结果；其次，在人的认知结构和客观经历中存在一系列的联系，并对感知风险产生影响。

目前对风险感知的研究大多可分为三类：第一类，是将风险感知分为个体和社会两个层面（周敏等人，2018）。第二类，则分为心理测量范式、公理化测量范式和社会文化范式（Weber，2009）。其中，心理测量范式是目前研究应用最广的，该范式认为风险感知是个体的认知过程，以此解释人们如何按照直觉来判断风险的严重性。以斯洛维奇（1993）和索伯格（Sjoberg，2001）等为研究代表，他们从心理学切入，重点测量风险根源的主观特征和主观感受。文化理论流派则是以道格拉斯和魏达夫斯基等为代表，他们从认知主体自身的生活方式来分析风险感知与相关行为。第三类分为风险识别研究和风险评定研究（Douglas & Wildavsky，1983）。

风险感知（Perceived Risk）最早出现在心理学中，风险感知包括两个因素：一个为决策结果所带来的不确定性；另一个指错误决策所导致的严重后果（Bauer，1960）。转基因技术自发展以来之所以充满争议性，也与其技术带来的"风险不确定性"有关。反对者认为，转基因技术的相关研究单位无法保证转基因食品的"零风险"；支持派则认为，从科学角度来分析转基因食品与非转基因食品，都无法提出绝对的"零风险"。基于科学研究的误差问题，加上所有食品都存在潜在风险性，科学研究只能证明转基因食品与非转基因食品一样安全。这也使转基因技术的安全性陷入悖谬，科学实验到底要做到怎样程度的"安全"，才算足够安全？双方无法取得共识，这样的结果，更加剧公众对于转基因技术的风险疑虑。

二、转基因议题的媒介效果

大众媒介在民众生活中扮演着很重要的角色，传播学关于媒介使用对民众行为影响的相关研究不乏其数。近年来，伴随着新媒体时代的来临，媒介效果研究的主体也由报纸、电视转向互联网。互联网已成为受众获取消息来源的重要渠道之一。互联网的发展对传统媒体的冲击与影响体现在各个层面，从实务层面产业规模的改变、受众及广告营收的流失，到学术层面传播方式的转向，都可看出新媒体的重要性。

（一）媒介效果研究的发展

在互联网迅速发展的时代，受众对于媒介内容的阅读方式也产生了变化，从过去的被动接收新闻内容转变为主动搜寻信息，媒介传播模式也从过去的单向传播改为双向互动模式。随着媒介传播方式的改变，媒介对受众的影响也发生变化。媒介对于受众的影响程度一直是传播学的关注重点，最早从 19 世纪末到 20 世纪 30 年代晚期，传播学者认为媒介对受众具有很强的影响，即所谓的"魔弹论"；20 世纪 30 年代到 60 年代，学者则主张媒介效果的有限论；20 世纪 60 年代后又再次重回媒介强效果论。

发展到现今，媒介"效果"依然是传播学的研究重点。各界对于媒介效果看法不一，主要分为两派立场，即强效果论与弱效果论。随着互联网的快速发展，两派立场对于网络媒体的影响效果也持不同看法，有人主张在互联网时代下，媒介应该为有限效果论；也有人主张网络媒介改变了人的生活，应该为媒介强效果等。随着网络媒体的兴起，受众的媒体使用习惯不断改变，报纸、电视和网络媒体对于受众的影响也逐渐改变。因此，在探讨媒介对受众的促进和妨碍论时，有必要从宏观视角出发，把不同媒介对受众的影响作一个梳理和分析。

在传播学中，与媒介效果相关的理论相当多，在近代研究中以议程设置理论、框架理论、沉默螺旋理论、创新扩散理论、使用与满足理论最为盛行。然而，将媒介效果置于科学传播与风险传播研究中，大多聚焦于媒介内容，分析媒介报道新兴科技时所带来的社会影响，包括科技议题的设定能力、科学新闻内容的传播符号、科学传播渠道的影响力、科学新闻传递的风险大小等。

（二）转基因议题的议程设置与风险放大

据前述所知，媒介的影响效果与研究范围相当大，在科学议题研究上大致可分为两部分：一为科学议题的议程设置功能，一为风险框架的社会放大（the social amplification of risk framework，SARF）（Bakir，2005），本书举例的转基因议题即属于后者。从议程设置的理论假设来看，科西茨基（Kosicki，1993）认为，媒体报道议题的取向会影响社会对议题的讨论焦点和方向。媒体对议题的报道会形塑民众对议题的认知，也会移转到政策议题的形成（Besley & Burgess，2002）。以往研究发现，媒体议程设置对公众具有强烈的影响力，格里芬（Griffin）、邓伍迪及诺伊维尔特（Neuwirth）（1999）认为，议程设置会影响个人对科学议题的风险判断，媒体新闻报道可能会引导公众重新评估对一件事情的看法和偏好，但基于个体差异，公众的媒体使用习惯不同也会影响议程设置的效果。麦克劳德等人认为，对于议题兴趣低又有很大不确定性的受众来说，议程设置有最大的影响效果（McLeod et al.，1974）。

不同议题对于公众的议程设置效果也有差异，公众对议题的接近性与不确定性越高，越容易受到议程设置的影响（McCombs，1981）。此外，媒体的议程设置可能还会影响到公众的态度与行为，麦库姆斯（McCombs）及肖（Shaw）在1972年提出"议程设置说"时，起初只是重视公众的认知层面，但在后来对议程设置效果的推演与理论提升中，已经逐渐将重点转移到公众的态度与行为层面。

自从转基因技术问世以来，转基因议题一直是全球媒体关注的焦点之一。转基因议题因技术复杂，对于一般公众而言，理解门槛相对较高，大部分公众缺乏转基因技术领域的相关知识，且由于人类认知能力的局限性，人们并不会主动关注远离实际生活的科学信息，大多数人通常运用初始信念和直觉判断科学信息（Druckman & Bolsen，2011；Lupia，2013）。因此，在转基因议题上，媒介的新闻报道内容成了公众理解转基因技术的主要来源（Besley & Shanahan，2005；Chen et al.，2017）。公众对媒体的依赖性也一直持续增强（马凌，2007）。为进一步探究媒体与公众风险感知的关系，学者将媒体的影响因素细化为媒介接触程度、媒介类型、信息呈现方式、信息质量／类型等（周敏等人，2018）。部分研究还认为，读者阅读量也是风险感知的影响因素之一（Wahlberg & Sjoberg，2000）。

但是近年来，也有研究对媒介的议程设置与报道框架的影响力提出质疑，包括媒介的议题设定能力，如在议程设置理论中，对于"谁是议题设定者"的疑虑：究竟是公众对转基因技术的态度决定了媒体报道的立场，还是媒体立场决定性地影响了公众立场。此外，在转基因议题上，除了媒体报道框架的影响力以外，科学家和政府部门也试图用科技话语来表述自己的立场，去和媒体竞争话语权。因此，当媒体因科学议题所需对政府组织与科学家进行采访时，议题设置权又在谁身上？媒体工作者是否会被信息来源所影响？研究发现，在转基因议题报道上，科学家开始积极地去争夺转基因技术的解释权与定义权（Cook，Pieri & Robbins，2004）。

三、媒介报道与风险框架

大众媒体除了提供受众日常生活所需的信息以外，也提供了生存上所需的安全感与信任（Giddens，1991）。Lindell 和 Hwang（2008）。研究发现，公众的风险感知与信息渠道的依赖程度具有显著的正相关性。在充满不确定的风险社会中，新闻报道扮演了引导公众处理风险信息的重要辅助角色（Beck，1992）。媒体是传递信息、影响社会大众感知的重要渠道（Lichtenberg & MacLean，1991）。比起人际传播，大众传播的影响力更大，尤其当媒体对风险议题的报道量越多，越会影响公众的风险感知（Verbeke，Viaene & Guiot，1999）。此外，研究发现，如果公众非常依赖媒体并将其作为健康信息来源的主要渠道，公众会更倾向将媒体上的风险信息和自己的健康风险相连接（Morton & Duck，2001）。贝里（Berry）、希金斯（Higgins）和内勒（Naylor）

（2007）指出，2003 年非典型性肺炎（SARS）疫情期间，媒体关于疫情的报道使得公众高估 SARS 风险，而低估其他的风险。由此可知，媒体对于风险新闻的报道不仅会影响公众的风险感知判断，甚至会影响其健康行为的决策。媒体对于议题的风险报道越呈现扩大的趋势，公众所感知到的风险就越促使他们作更多相关的信息搜寻，以此来降低不安全感，采取行动保护自我（Neuwirth，Dunwoody & Griffin，2000）。

麦科马斯（McComas，2006）检视风险传播相关研究时指出，新闻往往缺乏可帮助公众评估风险的重要信息。过去研究结果也发现，媒介对风险的报道并没有如实地反映社会事实（Combs & Slovic，1979；Greenberg et al.，1989），大部分的风险新闻只报道事件，几乎没有告知公众详细的风险信息或相关知识（Sandman et al.，1987；Singer & Endreny，1987）。媒体平台的社会风险放大效应，使公众对事件的风险感知与实际风险程度产生偏差（Kasperson，1988）。该原因可以归于新闻编辑与记者在筛选新闻时，根据新闻价值所作出的判断。格林伯格（Greenberg）等人（1989）的研究发现，对于电视台新闻从业人员而言，事件是否具有新闻价值才是关注的焦点，而风险的重要性则是其次。辛格（Singer）和恩德雷尼（Endreny）（1987）也提到在他们研究的 15 个媒体中，发现媒体报道风险新闻与否，取决于新闻记者自己的判断，新闻从业人员虽然经常报道风险性新闻，但却缺乏对风险的解释与认知，导致大部分的新闻内容缺乏风险知识。

在转基因的报道上也存在相同问题。弗鲁尔、迈尔斯和马什研究发现，欧洲媒体在报道转基因技术的新闻上，倾向于放大转基因技术对社会的负面影响，强化了公众对于转基因食品的高度风险感知（Frewer，Miles & Marsh，2002）。弗鲁尔等人在对英国民众进行的风险意识调查报告中，发现公众关注转基因事件的时间点与媒体集中报道转基因事件的阶段吻合，而且在新闻媒体聚焦报道转基因事件后，公众对转基因技术的风险意识也会跟着提高。当媒介报道聚焦在转基因风险议题时，公众感知的危险感会通过各种中介效应层层放大。其中，媒介是最重要的影响渠道，且媒介报道具有风险放大效果（Frewer，Miles & Marsh，2002）。弗鲁尔、斯科德勒和布雷达尔在 2003 年的研究中更进一步发现，媒体对待转基因的报道，除了具有扩大风险效应外，对转基因的信任也具有调节作用，负面新闻报道越多，公众对转基因技术的信任感就相对越低（Frewer et al.，2003）。

第二节　风险框架中媒介、科学素养、信任的互动关系

一、公众对转基因技术的风险感知

转基因技术对民众健康和国家安全造成的风险在于人工干预生物基因可能打破自然界原有的平衡与和谐，损害人体健康，引发生态及环境灾难（戴佳、曾繁旭、郭倩，2015）。转基因食品所存在的风险问题，更引发公众、各类营利与非营利组织的高度注意，以及媒体的大幅度报道。弗鲁尔、迈尔斯和马什研究发现，欧洲媒体的报道倾向放大转基因的风险，且媒体报道的风险对受众的风险感知产生影响（Frewer，Miles & Marsh，2002）。其中，媒体的风险报道对受众的制度信任具有调节作用，媒体的负面报道越多，受众的制度信任越低。

本研究在风险感知测量上，询问受众认为"只要通过国家安全认证上市的转基因产品，食品安全是有保障"的同意程度，有 38.8% 的人表

示同意及非常同意、有 24.9% 的人表示不同意及非常不同意（平均值 =
3.168，标准差 =1.1211）；"对于生态环境来说，种植转基因作物是风险大
于利益"，有 34.5% 的人表示同意及非常同意，有 26.7% 的人表示不同
意及非常不同意（平均值 =3.115，标准差 =1.1618）。详见表 5.1。

表 5.1　受众对转基因技术的风险感知

	只要通过国家安全认证上市的转基因产品，食品安全是有保障的	对于生态环境来说，种植转基因作物是风险大于利益
非常不同意	9.3%	10.7%
不同意	15.6%	16.0%
没意见	36.2%	38.9%
同意	26.6%	20.2%
非常同意	12.2%	14.3%
平均值	3.168	3.115
标准差	1.1211	1.1618

二、转基因议题中的风险分析

国内对于转基因技术的探讨不再仅限于科学领域，而是上升到社
会、经济与政治层面，各学科分别从不同角度分析影响受众态度的具体
因素。为了解风险社会中不同变量间的关系，本研究建构了多元线性回
归模型，自变量选取了科学素养、社会氛围、媒体使用、群体信任与制
度信任；因变量则分为生态环境风险与食品安全风险。在确认变量间因
果关系的前提下，先对各个变量进行相关分析，从相关分析结果可以得
知，科学素养、社会氛围、媒体使用、群体信任、制度信任与风险等变
量之间都存在显著的相关性。详见表 5.2。

表 5.2　科学素养、信任与风险的相关分析

相关性

| | | 科学素养 | | | | 群体信任 | | | | 制度信任 | | | 风险感知 | |
		自我评价	科学原理	发展现状	社会影响	科学家	媒体	医药/农业	零售商/企业	制度运作能力	代理伦理	救济效力	食品安全	生态环境
科学素养	GMD 自我评价	1												
	GMD 科学原理	0.263**	0.1											
	GMD 发展现况	0.136**	0.213***	1										
	GMD 社会影响	0.149**	0.205**	0.201***	1									
群体信任	科学家	0.161**	0.154***	0.167***	0.440***	1								
	媒体	0.172**	0.105***	0.131***	0.356***	0.592***	1							
	医药/农业/食品行业	0.163**	0.119***	0.146***	0.424***	0.644***	0.692***	1						
	转基因食品零售商/企业	0.171**	0.053	0.114***	0.405***	0.548***	0.623***	0.688***	1					
制度信任	制度运作能力	0.212**	0.163***	0.155***	0.402***	0.615***	0.468***	0.515***	0.412***	1				
	代理伦理	0.190**	0.136***	0.111***	0.480***	0.744***	0.626***	0.679***	0.650***	0.711***	1			
	救济效力	0.145**	0.132***	0.179***	0.347***	0.632***	0.523***	0.571***	0.516***	0.543***	0.675***	1		
风险感知	食品安全	0.190**	0.158***	0.134***	0.486***	0.584***	0.493***	0.547***	0.541***	0.503***	0.654***	0.531***	1	
	生态环境	0.155**	−0.024	−0.062*	0.075**	−0.094**	−0.187***	−0.155***	−0.103***	−0.121***	−0.140***	−0.123***	−0.129***	1
	样本数	1235	1235	1235	1235	1235	1235	1235	1235	1235	1235	1235	1235	1235
	最大值	1	0	0	1	1	1	1	1	1	1	1	1	1
	最小值	5	1	1	5	5	5	5	5	5	5	5	5	5
	平均值	30.30	00.56	00.53	30.15	30.26	20.90	30.03	20.73	30.47	30.17	30.29	30.17	20.89
	标准差	00.97	00.23	00.36	058	10.23	10.18	10.17	10.19**	10.09	10.09	10.22	10.12	10.16

* p<0.5，** p<0.1，*** p<0.01（双尾检验）

在相关分析的基础之上，本研究利用多元线性回归模型分析变量间的线性关系，第一层模型的控制变量包括性别、年龄与受教育程度等变量，在第二层模型中估计了科学素养、社会氛围、媒体使用、群体信任以及制度信任的主效应。方差膨胀因子（VIF）的检验结果显示，该模型不存在严重的多重共线性问题，回归模型的最终结果如表 5.3 所示。

表 5.3　预测风险的多元线性回归模型（$N = 1235$）

自变量		生态环境风险	食品安全风险
第一层：控制变量			
性别（0 = 男性）		−0.009	−0.004
年龄		−0.024	−0.017
受教育程度		0.025	−0.047*
增长的 R^2（%）		0.7***	0.4
第二层：主效应			
科学素养	自我评价	0.061*	0.027
	科学原理	−0.022	0.027
	科学发展	0.036	−0.019
	社会影响	−0.189***	0.158***
社会氛围	家人态度	−0.003	0.061*
	媒体报道	0.080*	0.105***
	微博舆论	−0.243***	−0.058
	微信舆论	−0.047	0.017
媒体使用	网络新闻	−0.006	−0.015
	微信公众号	0.089*	0.004
	微博信息	0.057	0.056*
群体信任	科学家	−0.050	0.109**
	媒体	0.091*	−0.006
	医药 / 农业 / 食品行业	0.078	0.037
	转基因食品零售商 / 企业	−0.058	0.090**

自变量		生态环境风险	食品安全风险
制度信任	制度运作能力	−0.022	0.014
	代理伦理	0.085	0.246***
	救济效力	0.040	0.096**
增长的 R^2（%）		190.5***	520.0***
调整后的总 R^2（%）		180.9***	510.5***

注：a. 此表内的回归系数为标准化系数 b。

b. * p<0.5，** p<0.1，*** p<0.01（双尾检验）。

根据回归模型，有以下几点发现。

（一）科学素养

从主效应的检验结果可知，在控制了科学素养、社会氛围、媒体使用以及信任变量的影响以后，科学素养会对公众感知生态环境风险与食品安全风险产生影响。首先，科学素养变量中的自我评价维度会对环境生态风险产生显著正向影响（β=0.061，p<0.05），即公众自我认知对转基因技术越了解，越会感觉转基因技术对环境带来的风险较低；其次，科学素养变量中的转基因技术对社会产生的影响，也会对公众感知食品安全风险产生显著正向影响（β=0.158，p<0.001），即公众认为转基因技术对社会发展影响越正面，越会认为转基因食品是低风险的；最后，数据发现科学素养中的社会影响维度与环境风险存在显著的负向影响（β=−0.189，p<0.001），即公众认为转基因技术对社会发展影响越正面，转基因技术越会给环境带来高风险。

（二）社会氛围

从数据结果能发现社会氛围对风险产生影响。在公众感知食品安全风险上，家人态度（β=0.061，p<0.05）与媒体报道（β=0.105，p<0.001）会产生显著的正向影响，即家人和媒体报道对转基因越趋向正面支持，

公众感知的食品安全风险则越低；媒体的正面报道也会降低公众对食品安全风险的疑虑（β=0.080，p<0.05）。数据发现，社交媒体的氛围也会影响公众风险感知，如在微博有关转基因技术的讨论中，如果舆论氛围偏向对转基因保持负面态度时，则会影响公众对于生态环境的风险感知（β=−0.243，p<0.001），即公众感知微博舆论氛围越负面，就会越担心转基因技术在生态环境上的潜在风险，认为转基因技术会破坏生态环境。研究发现也呼应过往研究结果，如转基因食品的人际讨论频次越高，持反对态度的人风险感知和收益感知越会有明显下降（崔波、马志浩，2013）。

（三）媒体使用

媒体使用与风险关系存在影响性。公众如果利用微信公众号关注的转基因信息越多，越会认为转基因技术给环境带来的风险是有限的（β=0.089，p<0.05）；同样，如果公众通过微博接受转基因信息越多，越会降低对食品安全风险的疑虑（β=0.056，p<0.05）。

（四）群体信任

群体信任对风险会产生影响。公众如果越信任科学家（β=0.109，p<0.01）、转基因食品零售商（企业）群体（β=0.090，p<0.01），越会降低对转基因食品安全的风险认知；如果公众信任媒体报道，则会认为转基因技术对生态环境造成的风险低（β=0.091，p<0.05）。

（五）制度信任

制度信任会对风险产生显著影响。制度信任包含三个维度，分别为制度运作能力、代理伦理和救济效力。根据模型结果可以发现，代理伦理（β=0.246，p<0.001）和救济效力（β=0.096，p<0.01）会对食品安全风险产生显著正向影响，当转基因技术在市场产生失误时，如果公众越相信政府的管制能力与惩罚机制的话，对于食品安全风险感知则越低。

第三节 国外转基因技术的风险评估与风险管理

转基因技术发展以来一直饱受争议与批评，公众对于转基因技术的讨论多聚焦于"安全性"问题，因此，政府对于转基因技术的安全评估与风险管理方式尤为重要。本节从转基因技术的安全性评估与风险管理角度切入，分析美国、欧盟、日本等国家和地区对于转基因技术的风险管理方式，并对比分析其与我国的差异，期望借由良好的风险评估与完善的风险管理方法来提高我国公众对转基因技术的认知度。

一、从风险传播理论看转基因技术发展的困境与机会

在科学技术日新月异发展的环境下，科技的创造与创新更多是以改善人类生活为目标，但是新技术要从实验室的研发成果走向市场化的商业发展，需要经过一段评估期与接纳期。转基因技术作为 21 世纪最重要的高新技术之一，应用领域相当多元且广泛，包括生物科技、医疗、农业技术等产业，影响层面相当广泛。然而，当转基因技术应用在粮食作物与食品的生产化及商业化推广上时却饱受争议。

转基因技术打破了过去传统生物种属间的自然繁殖模式，通过DNA 重组和转化的技术，将植物、动物或微生物的遗传物质引入其他生物体中，改变其遗传特征。国家统计局、海关总署 2014—2021 年数据显示，国内对于大豆的需求与供给明显出现供不应求状况，每年大量依赖进口大豆，进口需求量整体呈逐年上升趋势（见表 1.2），大豆的进出口贸易基本上受制于他国。为了改变这一状况，我国政府通过"863 计划""973 计划"、转基因重大专项等方式，在转基因技术研究上投入大量的资金与人力（谭涛、陈超，2014）。

对一般民众而言，转基因技术属于未知的"技术性风险"，因此，民众对转基因技术普遍持怀疑态度，加上虚假信息的渲染，更是加深了公众对于转基因食品安全的疑虑，扩大了风险感知。即便是通过国家安全认证上市、已经经过政府层层审核的转基因食品，在现今国内的环境氛围下，公众仍普遍抱持怀疑态度，担心转基因食品会对人体或生态环境产生危害与未知风险，导致许多转基因食品的商业化推广计划频频受阻。

由此可见，要使转基因作物顺利商业化量产，除了确保技术的安全性外，政府必须加强对转基因技术的风险评估（Risk assessment）与风险管理（Risk management），以公开、透明的方法向民众展现转基因技术的风险评估与管理模式，加强相关科普，通过制度信任来降低公众对转基因技术的恐慌（郭小平，2008）。转基因技术的风险评估是指利用科学实验方法，在特定条件下评估风险源对于人体健康产生的潜在危害大小与出现危害的几率（FAO，1997）。国际上对于转基因技术的风险评估，主要针对转基因食品的实质等同性、营养性、毒理性和过敏性4项进行分析（王国英，2001）。转基因技术的风险管理则是指政府根据科学家的风险评估结果权衡制订相关的监管措施，包括制订和实施转基因技术的法律、法规、标准等（陈君石，2011），转基因技术主要的管理手段包括对转基因食品的安全评价、商业化种植与量产、上市许可和产品标识规定等。

对比国际上的风险评估与管理模式，我国在监管过程中，仍存在一些不足之处。首先，在法律规范方面，尽管国家食品法进行了多次修订，但尚未出台专门的、全面的转基因技术相关法律，这导致了一定的法律空白与不明确性。其次，监管机构之间的协调和监督机制相对不够完善，导致风险评估和风险管理的主体尚未统一，可能存在信息不畅通和监管不到位问题（刘志陟、李慧，2003；王琴芳，2008）。本节将从风险传播的思路出发，分析美国、欧盟和日本对于转基因技术风险评估与风险管理的相关政策与条例，借鉴他国经验，比较我国的管制差异，并考虑国内的社会发展与内部环境，提出可行性的发展建议。

二、转基因技术的风险评估办法

转基因食品安全风险问题一直是公众最为关心的议题，因此，可靠的转基因食品安全风险评估办法可以很大程度地降低公众的风险感知（宋欢等人，2014）。当前国际上对于转基因食品安全风险评估办法大多是从转基因技术的"安全性评估"角度分析，转基因食品安全性评估内容主要有实质等同性、营养学评估、毒理学评估以及过敏性评估 4 项，具体分析如下（MacKenzie，2000；王国义等人，2019）。

（一）实质等同性

关键成分分析所依托的原理是实质等同原则（Principles of Substantial Equivalence）。世界经济合作与发展组织（Organization for Economic Co-operation and Development，OECD）在 1993 年提出"实质等同"概念，这是目前国际上普遍认同的针对转基因食品安全性进行评估的基本原则（杨昌举等人，2001）。这一原则指的是，如果一种新食品或食品成分与已存在的食品或食品成分实质等同，就安全性来说两者是相同的，即利用转基因技术生产研发的新食品或食品成分与传统食品或食品成分可以被视为是同等安全的（陈君石，2003；殷丽君，2002）。

（二）营养学评估

营养学评估主要包括转基因食品与传统食品在关键营养物质（如蛋白质、淀粉、脂肪等）、抗营养因子以及天然毒素等方面的对比（祁潇哲，2013；王国义等人，2019）。通过饲喂动物模拟人体对转基因食品的营养利用率是营养学评估的重要手段（宋欢，2014；祁潇哲、黄昆仑，2013）。

营养学评估的理论基础是按照个案处理原则（Case by Case），即在转基因技术及其产品的风险性评价与安全性评估中，有针对性地对个案逐个进行评价分析，以利充分了解和全面掌握个案（CAC/GL，2003）。然而，在营养学评估的过程中，该原则易产生程序僵化、效率低下、成本高昂等问题。比如，欧盟在针对转基因生物的环境释放和转基因食品的市场进入许可时，施行逐一准入和安全性评估，导致转基因食品的审批过程相当漫长（杨芳，2012）。

（三）毒理学评估

毒理学评估是转基因食品食用安全性评估的重要内容，主要包含两部分，分别是对外源基因表达产物的毒理学评估和全食品毒理学评估（祁潇哲、黄昆仑，2013；王国义等人，2019；宋欢，2014）。前者是指对外源基因表达新蛋白的详细评估，研究必须对比新表达蛋白和已知毒性蛋白抗营养因子的核酸、氨基酸的序列是否为同源，据此作为毒理学评估指标之一（祁潇哲、黄昆仑，2013）；后者则是对非预期效应的评估，主要是分析转基因生物对人体健康可能造成的长期影响（FAO/WHO，2000；暨荀鹤，2009）。

（四）致敏性评估

致敏性评估主要是针对转基因技术产生的新蛋白而言的（宋欢等人，2014）。转基因技术打破了过去自然界中物种之间的遗传物质不能转移的限制，让生物之间的遗传基因可以通过人为方式进行转移，但这也使"过敏源"同样具备了转移的可能性。因此，当转基因物种要进行商业化生产前，政府、专家需要对此进行致敏性的详细评估（王琴芳，

2008；王国义等人，2019）。详见表5.4。

表5.4　转基因食品食用安全性评估的主要内容

评估准则	评估方法	评估内容
实质等同性	转基因与非转基因对照实验	转基因食品关键营养成分或抗营养因子与常规产品对比
营养学评估	动物饲喂模拟人体实验	关键营养成分等对比
毒理学评估	①外源基因表达产物的毒理学评估实验 ②全食品毒理学评估实验	①外源基因表达蛋白与已知毒蛋白核酸、氨基酸序列对比 ②转基因食物饲喂大鼠与普通食物饲喂大鼠对比
致敏性评估	致敏原检测实验	新表达物质与已知致敏源氨基酸序列对比

三、国外对转基因技术的安全证书发放标准

不论是传统的育种技术还是转基因技术，在研发或者投放到市场的过程中皆可能存在风险。为了避免风险发生，各国对于任何一种科学技术都是保持严谨态度，尤其对于作为新兴科技的转基因技术与基因编辑技术，更是采取严格的规范制度，以确保送到民众餐桌上的食物是安全的。虽说如此，但各国对于转基因食品的规范仍存在明显差异，尤其在商业化推广前，对于转基因技术的安全证书发放标准就有不同。在比较各国差异的同时，必须先从转基因技术的监管体系与安全评价原则出发，了解监管原理。然后，比较美国、欧盟、日本与我国监管体系及安全评价的区别，具体如下：

（一）转基因技术的监管体系与安全评价原则

在首批转基因作物商业化量产前，美国、欧盟与日本等国家和地区都对转基因技术的检验检测与安全管理制定了严格的安全性检测的法

规。政策制定主要是针对转基因技术的研发、生产和市场管理等方面（Defrancesco，2013），法律规范是为了确保转基因食品在研发过程与进入市场后的安全性，更重要的是保障转基因食品与非转基因食品具有一样的安全性（Kuiper et al.，2013；Marden，2003）。世界卫生组织以及联合国粮农组织在经过层层检验与审查后认为，凡是通过"安全评价"上市的转基因食品，与传统食品一样安全，民众可以放心购买食用（Marden，2003）。

各国在决定转基因食品是否能够商业化量产的过程中，都进行了严格的安全检测，转基因食品在实现商业化目标前，都必须遵守各国所制定的安全性评价原则。安全性评价监管与审查的内容包括转基因技术的安全证书审批、市场准入许可、种植时对生态环境安全评估、市场监管等内容。为了确保转基因技术的安全性，国际上在批准转基因食品的商业化量产前都施行最严格的生物学安全检验，并专门建构独立、严格与完备的监管体系。相比之下，传统非转基因技术的育种作物就没有如此严格的规范准则（CAC/GL，2003；薛达元，1999）。

转基因食品的安全性问题一直是各国政府、国际组织和公众关注的重点。由国际食品法典委员会（Codex Alimentarius Commission，CAC）制定的关于转基因食品安全评价的一系列指南，是全球公认的食品安全评价准则，也是世贸组织裁决国际贸易争议的重要参考依据（王琪，2018）。全球各国对转基因技术的安全评价模式和程序虽然有所差异，但总体的评价原则和技术方法都是参考 CAC 的标准制定的。

转基因食品的安全性评价主要聚焦于食品与环境安全评估。CAC 认为，各国在制定转基因食品的安全性评价过程中应该与 CAC 风险分析工作原则相一致，遵循三大主要安全性评价原则：科学为基础、实质等同性和个案分析（王琪，2018）。基于自律原则，美国与欧盟也鼓励与转基因技术相关的研究单位、企业组织能够遵照 CAC 颁布的《重组 DNA 植物食品安全评估准则》进行研发和接受评价（陈学敏，2010）。我国在转基因生物安全评价体系的指标建构上，借鉴了 CAC 与世卫组织的安全评价指南，参考了转基因生物分子特征、环境安全和食用安全等指标。

（二）全球转基因技术安全性评价及监管体系的差异

虽然各国在转基因技术安全性评价及监管体系上都遵照 CAC 的相关规定，但在实际法规与执行上仍存在明显不同，以下将分析美国、欧盟、日本与我国的差异。

1. 美国

美国转基因技术的监管主要由美国联邦农业农村部（United States Department of Agriculture，USDA）、食品与药物管理局（Food and Drug Administration，FDA）和环境保护局（United States Environmental Protection Agency，EPA）三个部门负责。三个单位各自管理的内容有所不同，相互分工合作，通过缜密的监管体系来避免转基因技术的潜在风险发生（Marden，2003）。

美国是转基因技术的研发和应用大国，对于转基因食品的监管态度相较其他地区比较宽容。如前所述，美国遵循实质等同原则，只要转基因食品与非转食品在科学认定基础上并无差异，即可认定转基因食品与非转基因食品一样安全。所以美国在转基因食品的安全审批程序与安全证书的发放过程中，监管单位并不会主动发起安全风险评估，而是由申请者（指转基因食品的生产者和经营者）按照"自愿咨询程序"，自行担负转基因食品的安全评估责任（孔庆江、杨育晗，2017）。

2. 欧盟

欧盟转基因技术的监管单位主要是以成员国主管当局、欧盟食品管理局（European Food Safety Authority，EFSA）、欧盟委员会三个单位构成。欧盟是由各个成员国所组成，组织情况较为复杂，因此，转基因食品的安全评价需要经过成员国和欧盟两个层面才可以通过（陈学敏，2010）。转基因技术在安全性评估过程中，相对美国受到更多单位的监管约束，对于欲批准上市的转基因食品在审批过程中需要花费较多的时间，由此可看出欧盟对于转基因技术的安全评估与风险管理态度更加严谨。针对欲商业化种植的转基因作物，欧盟必须先对其进行风险评估，根据审查结果才能作出风险管理的决定，并且还要交由欧盟委员会与各个成员国进行协商评估才能决定，总体而言，欧盟对转基因食品进行了严格的监管（董悦，2011）。

3. 日本

日本转基因技术的监管是由文部科学省、通产省、农林水产省、厚生劳动省等单位共同负责。日本与美国相同，也奉行实质等同原则，并由厚生劳动省来统一标准并制定"安全健康评估"指标，将转基因食品与非转基因食品进行对比分析，实验的研究重点聚焦于使用转基因技术后，转基因产品所发生的全部变化或附加性质变化。其中，也包含了发生变化的可能性预估，以确定转基因食品与传统食品在人体、动物健康或者环境生态等方面都具有同等的安全性（Kuiper et al.，2013）。

4. 中国

我国的转基因作物安全评价与监管单位为农业部（现农业农村部）与国家农业转基因生物安全委员会。国家农业转基因生物安全委员会由从事农业转基因生物研究、生产、加工、检验检疫、卫生、环境保护等方面的专家组成，负责转基因生物的安全评价工作。转基因作物安全评价指标内容包含转基因生物分子特征、环境安全和食用安全等方面。在中国，要商业化量产转基因食品必须先经过安全评估和行政审批两个阶段，才能取得转基因生物安全证书，安全评估主要集中于生态环境与食用安全性评价。

综上所述，虽然各国在转基因技术的风险管理上各有差异（见表 5.5），但是在管理上，都是以降低新技术所带来的风险并确保其安全性为发展目标。

表 5.5　各国针对转基因技术的监管差异

国家	管理机构	评价程序
美国	美国联邦农业农村部、食品与药物管理局、环境保护局	根据机构自身情况确立三套不同的评价程序
欧盟	成员国主管当局、欧盟食品管理局、欧盟委员会	成员国和欧盟两个层面联动评价
日本	文部科学省、通产省、农林水产省、厚生劳动省	四个部门各司其职，建立相对完善的安全审批制度
中国	农业部（现农业农村部）、国家农业转基因生物安全委员会	报告制和审批制相结合

当前，国际上对于转基因技术的风险管理主要分为两派，分别是管理较为严苛的欧盟模式和监管较为宽松的美国模式（杨芳，2012；周天盟、刘旭霞，2018）。以美国、加拿大为代表的国家对转基因技术相对抱持乐观态度，认为在没有科学证据证明转基因食品对人类健康有害的情况下，应该假定转基因食品与一般产品一样安全。这些国家采用了"实质等同"的概念，用以评估转基因食品的风险性与安全性（孔庆江、杨育晗，2017）。在实质等同的前提下，美国对转基因食品的管理模式是基于"产品"导向（Product Approach），而非技术本身，监管单位认为管制"对象"应该是利用生物技术生产的"产品"而非技术，所以美国 FDA 在对转基因食品进行安全性评估实验时，主要针对的对象是转基因生物最终的产品（杨昌举，2001）。

对于欧盟国家而言，转基因食品的安全性存有科学上的不确定性，可能具有发展上的风险，因此将预防原则（precautionary principle）与逐步进行原则（step by step）纳入对转基因技术的风险评估规范中。对于商业化的转基因食品需要进行逐案评估，从实验室研究、商业化生产到销售环节进行全程的风险评估与风险监管（周天盟，刘旭霞，2018）。欧盟对于转基因食品的管制实行"技术"导向（Process Approach），从实验室到产品上市一直都受到欧盟主管机关的事先管制，并视转基因技术为危险源或风险源。详见表 5.6。

表 5.6　不同国家或地区对转基因食品的安全评估模式

代表国家或地区	美国	欧盟
监管模式	宽松监管	严苛监管
管理原则	实质等同原则	预防原则
控制原则	基于产品导向	基于技术导向
实践原则	可靠的科学原则	逐步进行原则、个案分析原则
审批原则	自愿的咨询制度	集中审批制度

美国与欧盟因其文化、政治、经济发展差异，在转基因技术的风险评估与监管上也有所差异，美国执行的实质等同原则与欧盟坚持的风险预防原则在本质上存在冲突，这也使转基因食品在两地区的发展进程与商业化推广上有所不同。随着转基因技术不断地更新、进步，并在社会各个领域广泛应用后，全球各国对于转基因技术的监管也有所变化，近年来政策的管理立场和原则开始出现了趋同性，比如，欧盟总体上是从过去传统的保守主义逐渐偏向自由乐观主义，美国则是从宽松的自由主义逐渐变成偏向保守谨慎主义（王明远，2010）。以评估内容为例，美国所认同的实质等同原则的评估依据是"基于产品"，这个依据现在已成为风险预防原则的必然选择；而欧盟对于风险预防原则依据的"基于技术"，也成为实质等同原则下的必然要求（杨芳，2012）。

四、各国对转基因食品的标识规定

世界各国在不同程度上加强了转基因生物安全管理，针对已经上市销售的转基因食品，越来越多的国家制定了严格程度不一的标识制度，对转基因生物及其产品进行标识管理。由于转基因食品安全问题的普遍性，各国标识制度存在着一定的共通性，但因各国政治经济文化等方面又具有特殊性，这些标签政策在性质、覆盖范围、阈值及其执行强度方面都有很大不同。

转基因生物安全的问题一直受到广泛关注，各国也制定了严格的管理制度，从技术研发到产品上市，在不同程度上加强了对于转基因生物安全的管理。对于通过安全评价上市的转基因食品，大众更加关心的则是转基因食品的标识议题。支持转基因食品标识者认为，基于民众的知情权与选择权，政府在监管市面上转基因食品时，应当严格管制标识。为顺应民意，越来越多的国家都相继通过标识制度对转基因食品进行标识管理。各国对于转基因食品的标识原则也有异同规范，共通点是标识要求主要针对不具有实质等同性的转基因作物（董悦，2011），对于与传统食品具有实质等同性的转基因食品，各国的标识规定仍存在差异。

（一）国际上关于转基因标识管理主要分类

1. 自愿标识

如美国、加拿大、阿根廷等国家，无强制规范，生产商可以自行决定是否标识转基因或所含的转基因成分比。

2. 定量全面强制标识

即对所有产品只要含有转基因成分且含量超过规定的"阈值"就必须标识，代表国家与地区如欧盟和巴西。其中，欧盟在阈值规定上认定，只要产品中转基因的成分超过 0.9% 就必须标识；巴西则相对宽松，规定转基因成分超过 1% 才需要标识。

3. 定量部分强制性标识

针对特定类别的产品，只要里面转基因成分含量超过规定的阈值就必须标识，代表国家为日本。日本于 2001 年施行《食品卫生法》，规定了 30 种应该受该法管制进行标识的含有转基因成分的食品，理由是这些最终产品中仍可以被测得转基因 DNA 或蛋白质。这些产品包括了以黄豆和玉米为基础原料的食品。但是值得注意的是，有的产品中转基因成分含量超过 5% 才需要标识，只有在无法检测到转基因成分时才允许使用"非转基因"标识。

4. 定性按目录强制标识

凡是列入目录的产品，只要含有转基因成分或者是利用转基因作物加工而成的产品必须标识。目前，我国是唯一使用这种标识方法的国家。凡是列入农业部（现农业农村部）《农业转基因生物标识管理办法》标识目录中的转基因生物及其直接加工品，都被严格规范必须进行标识，而我国也是目前对转基因食品标识最多的国家。相较于前三者，我国的规范是最严格的。虽然执行定量全面强制标识和定量部分强制性标识的国家都设定了转基因成分含量的阈值规定，但实际上食品中的转基因成分很难超过那些阈值规定。因此，在国外很多市售产品其实都有些许转基因含量但是不需要进行标识（金芜军等人，2004；刘婷，2019）。详见表 5.7。

表 5.7　不同国家和地区的转基因标识管理制度比较

国家	美国	欧盟	日本	中国
管理部门	多部门分工协作管理	统一管理	多部门分工协作管理	统一管理

国家	美国	欧盟	日本	中国
标识性质	定量	定量	定量	定性
标识类型	自愿标识	定量全面强制标识	定量部分强制性标识	定性按目录强制标识
标识范围	转基因食品与其传统对应食品相比具有明显差别、用于特殊用途或具有特殊效果和存在过敏源	所有转基因食品	转基因大豆、玉米及其制品以及转基因马铃薯	列入农业转基因生物标识目录的大豆、玉米、棉花、油菜、番茄5大类17种转基因食品
标识内容	注明转基因食品中过敏性、食品组成、食品营养成分等与安全性有关的变化	注明含转基因成分、转基因食品的特点	列入标识范围的食品中，列入标识范围的作物成分为转基因成分须注明"GM"，若该成分为转基因及非转基因成分的混合物，则须注明"含（重量百分比）的GM"	直接标注为"转基因××"。转基因农产品的直接加工品，标注为"转基因××加工品（制成品）"或者"加工原料为转基因××"
阀值	苹果、油菜、玉米等13种转基因成分5%以上的食物必须进行标识，精加工食品自愿标识	转基因成分含量超过0.9%需要标识	食品前5种最高的成品成分，且该成分中GM含量超过3%	含有成分皆须标识

总体而言，各国对于转基因食品的政策与标识立场可以分为：（1）实质等同型（Promotional）。转基因食品与一般食品无异，不需要

标识；（2）允许／标识型（Permissive）。考虑民众的知情权与选择权，以转基因食品标识为主要措施。（3）预防原则型（Precautionary）。转基因食品不但须标识，且从生产到上市所有程序都需要进行严格管理，重视转基因食品的可溯及性（Paarlberg，2000；肖鹏，2018）。详见表 5.8。

表 5.8　各国转基因食品的政策与标识立场

国家	实质等同型	允许／标识型	预防原则型
美国	√		
加拿大	√		
欧盟			√
中国			√
印度			√
澳大利亚		√	
新西兰		√	
日本		√	
韩国		√	
菲律宾		√	

我国对于转基因食品的标识政策介于美国与欧盟之间。与美国相比，我国施行的《食品安全法》已落实转基因食品强制标识的规定，而美国目前仍属于自愿标识阶段，但美国已有支持声浪倾向强制标识（葛立群、吕杰，2008）。与欧盟对比，我国转基因食品强制标识的法律体系仍然需要完善，我国采用定性按目录强制标识的方法，容易存在目录范围过窄以及未及时更新等问题（2018 年全球生物技术／转基因作物商业化发展态势，2019）。

（二）我国转基因监管制度存在的问题

我国虽已建立较为严格的转基因食品管制框架（刘婷，2019），但随着转基因技术研发能力的提升和转基因食品市场化进程的推进，风险评估与风险管理的措施也需要及时更新完善，当前的监管制度在执行上仍存在部分问题，具体如下。

1. 尚未设置专门机构，缺乏专项立法

转基因技术风险评估的主体没有明确统一单位，目前仍是由农业部（现农业农村部）委托具有检测能力和条件的机构来进行评估。美国与欧盟则是设置独立部门进行转基因技术的审查，避免发生监管与研发是同一批人的问题，并建立了完整的利益冲突审查与回避制度。

2. 安全性评价体系不完善

我国转基因作物种植安全证书是按照省份发放，申请者需要按照省份逐个申请转基因作物安全证书，无形之中增加了安全性评价成本和评价时间（王琴芳，2008）。

3. 评估体系有待提升

有学者认为，除了传统的实质等同、营养学评估、毒理学评估和过敏性评估四项以外，还应当推广应用如"非靶分析"、生物芯片等更先进的评估检测手段，为转基因食品安全监管提供更高效的技术支撑，以利完善转基因食用安全评估体系（王国义等人，2019）。

第六章 科学传播与公众态度

本章的主要研究重点在于分析影响公众对于转基因技术态度和购买行为的潜在因素。通过对问卷调查数据的深入分析，揭示了公众在不同转基因技术应用方面的态度差异，包括公众对国家在转基因技术领域的发展态度、对于商业化转基因产品的看法以及是否支持政府将转基因技术用于生物医疗领域，以及公众对通过国家安全认证上市的转基因产品的购买意愿。最后，通过建立一种影响公众对转基因技术态度的模型，来了解各个变量之间的复杂关系。这些研究结果将有助于更好地理解公众对转基因技术的看法和购买行为，为相关政策和沟通策略的制订提供有力支持。

第一节 转基因议题的科学态度

自从转基因议题曝光于公众生活之中，学界针对公众对于转基因议题态度的研究不乏其数。公众对于转基因议题的态度，牵动着转基因技术的发展，不论是政府还是科学家对此都非常重视。从社交媒体对转基因议题的大量讨论中可以发现影响公众态度的因素相当多元，公众对转基因技术的态度也会随着事件的发展而产生变化。为了更好地了解我国公众对于转基因技术的态度，本节从科学态度角度切入，了解科学态度的形成与科学态度的测量方法，通过问卷调查与深度访谈的结果整理我国公众对转基因技术的态度。

一、科学态度

在心理学中，态度指的是一种心理结构，它是个体通过经验而获得的心理状态。态度是个体对于人、地点、事物或事件（态度对象）的评价，通常反映在认知、情感及行为上（Zimbardo et al.，2008）。个体可以借由态度来评价事物，协助个体更好地去适应社会。态度包括偏见、同情心、反感及自尊等类型（Mackie et al.，2000）。简单来说，态度就是个体对自己和世界的感知。著名心理学家戈登·奥尔波特（Gordon Allport）将这种潜在的心理构造描述为"当代社会心理学中最独特和不可或缺的概念"（Allport，1935）。卡尔·荣格（Carl Jung）将态度定义为"心理决定好用某种方式来行动或反应"，卡尔认为态度通常是成对出现的，如有意识与无意识、外向型与内向型、理性与非理性（Main，2004）。对于态度的研究，主要围绕态度强度、态度变化、消费者行为以及态度—行为关系等方面（Elizabeth & Minton，2013）。

在科学传播领域中，对于科学态度的探讨更是相当丰富。科学态度又可以称为"科学的态度"，是一种具有科学性质的态度。相较于一般的态度而言，科学态度具有认知的特性，涉及科学方法和科学知识。科学态度是指个体在解决问题、评估信息、表达意见及作出决定时所持有的科学方法。虽然科学态度长久以来都被视为科学传播最重要的研究领域之一，但是学界对于科学态度的定义并不十分明确。柯提斯（F. Curtis）最早将科学态度界定为确信因果关系、好奇心、推迟判断、重视实证与尊重他人的观点等。后来也有许多学者对科学态度的成分提出不同见解，其定义与分类方法有所重叠或冲突，导致学界对于科学态度的概念定义一直未达成共识。其中，以 Gardner（1975）的分类最广为学者所接受，他将科学态度（science attitude）分为"科学的态度"（scientific attitudes）与"对科学的态度"（attitudes toward science）两种不同的层次范畴。"科学的态度"更重视认知的因素，是指公众有像科学家一样的思考方式、求证行为及科学精神，例如，具备好奇心、理性、客观、虚心、怀疑及判断因果关系的特性。"科学的态度"通常指的是公众运用科学方法去探讨科学知识，并运用于生活之中。"对科学的态度"是偏向情感的部分，指的是公众对科学、科学家、特定科学议题的情绪性反应。在此基础之上，又有学者提出"对科学的相关态度"（Attitudes Related to Science），它所包含的范围更广，包括了认知、情感、行为三部分（刘嘉茹等人，2009），此概念是把"科学的态度"与"对科学的态度"都包含在其中。

科学态度的测量是指对"科学或科学相关活动"有关的态度进行评估。在国内外有相当多的学者提出以定量方式去测量科学态度，发展出许多科学态度量表。但是关于态度的测量方法，有学者认为应该要长期记录，如果只以问卷形式来评估公众态度，很难观察到态度的形成与变化，因为态度是一种潜在的心理反应，它会受到心理倾向、感觉、预期等内在机制的影响，也会受到外在环境因素的干扰，且公众的科学态度大多处于多变的状态。

　争议性科学议题的知识建构与传播效果研究

为了更好地了解公众对转基因技术的态度，本研究采用问卷调查法与深度访谈法来分析我国公众对待转基因技术的普遍态度呈现怎样的趋势，借由深度访谈来解释定量数据背后可能的影响因素与态度形成的原因。

二、公众对转基因技术的态度

本研究考察了公众对于转基因技术的态度。为了深入了解公众的态度是否会随转基因技术的不同应用而改变，本研究问卷调查测试了以下3道题目：对于国家发展转基因技术的支持态度、商业化方式发展转基因产品、将转基因技术运用在生物医疗领域。从数据统计结果可以发现，三者比较之下，公众更愿意支持转基因技术运用在生物医疗领域（平均值=3.422，标准差=1.2048），且支持国家发展转基因技术（平均值=3.332，标准差=1.2151），相较之下对于商业化发展转基因产品（平均值=3.116，标准差=1.2045）的支持度就没有那么高，详见表6.1。

表 6.1　公众对转基因的态度

	转基因技术研发	商业化转基因产品	生物医疗领域
完全不支持	10.0%	12.0%	9.0%
不支持	12.8%	16.1%	11.7%
没意见	31.3%	35.5%	29.0%
支持	25.9%	21.1%	28.7%
非常支持	20.0%	15.3%	21.6%
平均值	3.332	3.116	3.422
标准差	1.2151	1.2045	1.2048
总计	100.0%	100.0%	100.0%

从数据结果来看，我国公众普遍支持国家发展转基因技术，也乐见转基因技术运用在生物医疗领域，但对于投入市场发展成为产品上，相对较不支持。对于此现象，本研究通过访谈方式深入了解为什么民众对于转基因技术在不同领域的应用会呈现不同的态度。研究发现，其主要原因在于转基因技术与民众生活的接近程度。转基因技术广泛被应用于医药、工业、环保、能源、农业、新材料等领域，基于国家富强与发展，大家都认同国家研发转基因技术的重要性。转基因技术在医疗领域的成就也被民众广为接受，如转基因乙肝疫苗、生长抑素、胰岛素、干扰素、人生长激素等，医疗技术的进步提升了民众的健康生活品质，甚至能降低医疗成本。但是对于转基因产品与食品的商业化发展，民众就出现了分歧意见，且支持度相较于其他领域的应用低。这是因为商业化转基因食品更加贴近民众的生活，甚至是出现在民众的餐桌上。不同于其他技术应用，转基因食品与民众的接近性较高，因此，民众对此持有犹豫与迟疑的态度。

访谈内容：

我支持转基因技术。我认为，转基因技术还是值得发展的，虽然关于转基因食品还没有确切的证据显示一定是健康或不健康，但是没有什么理由要放弃这样的技术。（男，1988，硕士，计算机科学与技术）

因为我不了解什么是转基因技术，所以谈不上支持或反对，但是欧美国家都在研究这个技术，我们也一定要研究，不然就会落后。而且我看转基因技术有使用在医疗领域，解决了很多疾病问题，所以我觉得这个技术是好的。（男，1988，博士，传播学）

对于转基因技术我不会接触到，所以不支持也不反对，持中立态度。（女，1988，硕士，视觉传达设计研究）

我支持转基因技术，因为我在网络上看过一个 TED[①] 讲座，是一位研究转基因的学者谈他在非洲为了解决粮食不足问题，而为稻米所做的转基因技术研究，其成果却饱受外界质疑，最后他的项目不得不停止，起因是有一群反对转基因技术的人去抗议。但他的研究成果的确培育了不易遭虫害的稻米，而且非洲一天饿死的人数之多难以想象。我认为既然能解决非洲粮食问题，就值得支持（男，1988，硕士，计算机科学与技术）。

从上述数据与访谈分析可以得知，民众对于转基因技术的态度是有层次的。随着技术应用方式的改变，民众所持的态度也有差别。从宏观角度来看，基于国家与社会发展，大部分民众认为国家积极研发转基因技术是有必要的，但这仅限于在实验室中的研究。离开实验室后，转基因技术在不同领域的应用，不一定都能获得民众的支持。民众对于转基因技术的支持度，与民众本身的临近性和接触率有直接关系。离民众生活较远的医疗应用，如乙肝疫苗、胰岛素这类使用，如果不是患者是不会轻易接触到的。相反，转基因食品则不同，转基因食品对于民众来说有较高的接触率，甚至民众可能天天会食用，如转基因大豆油、转基因玉米、转基因甜菜、转基因油菜等，这些都是民众生活的必需品。因此，民众在对技术未知的前提下，很难马上作出决定表态支持与否。

三、影响公众对转基因技术态度的因素

影响公众对转基因技术态度的因素相当多元且复杂，根据本书前面

---

① TED Conference LLC，指 Technology, Entertainment, Design 在英语中的缩写，即技术、娱乐、设计，是美国的私有非营利机构，该机构以它组织的 TED 大会著称。TED 演讲（TED Talks）的主题非常丰富，包括了技术、娱乐、设计、科学、教育、文化、商业、艺术、环保等话题。

章节的探讨，本研究整理出科学素养、媒体使用、网络舆论氛围、社交网络、制度信任和风险感知等变量，进行线性回归分析，探讨上述变量对公众态度的影响。

研究结果发现，科学素养会对公众的态度产生显著正向影响，即公众的转基因学素养越高，对转基因的态度就越正面（$b=0.161$，$p<0.001$）；网络舆论氛围会对公众的态度产生显著正向影响，举例来说，如果公众在微博上感受到越多的正面舆论，越会提高对转基因的正面态度（$\beta=0.134$，$p<0.001$）；社交网络也会对公众的态度产生显著正向影响，即公众在社交网络中，如果感知到朋友或家人越支持转基因技术，也越会提升对转基因技术的正面态度（$\beta=0.100$，$p<0.01$）；制度信任会对公众的态度产生显著正向影响，即公众对于政府制度、管理能力越信任，越会提高对于转基因技术的正面态度（$\beta=0.465$，$p<0.01$）。网络媒体使用和风险感知均不会直接对公众的态度产生影响。详见表6.2。

表 6.2　影响公众对转基因态度的因素

自变量	公众对转基因的态度
科学素养	0.161***
网络媒体使用	-0.012
网络舆论氛围	0.134***
社交网络	0.100**
制度信任	0.465***
风险感知	−0.015
R^2变化（%）	43.7
调整后的总 R^2（%）	43.5

注：a. 此表内数字为标准化系数 b。

　　b. $* p < 0.05$，$** p < 0.01$，$*** p < 0.001$（双尾检验）。

第二节　公众对转基因产品的购买意愿

本节主要分析民众对于转基因产品的购买行为，从购买意愿的概念切入，分析民众购买转基因产品的动机与影响因素。

一、购买意愿

"购买意愿"指的是消费者愿意采取特定购买行为的概率，如果消费者对产品的知觉价值愈高，购买这个产品的可能性就愈大（Dodds et al.，1991）。购买意愿涉及的学科领域包括心理学、社会学、市场学、经济学、广告学等。对于消费者购买行为的研究范围包括：从购买前的行为到购买后的消费、评价和处理行为。大部分有关消费者的购买行为研究都会研究消费者的人口学特征及行为变数，了解消费者的个体需求，试图评估家庭、朋友、参照群体和一般社会群体对消费者的影响（Elizabeth et al.，2014）。其中，还包括了直接或间接参与购买决定的所有人，例如，品牌代言人、影响者和意见领袖。科特勒和凯利特也认为，购买决策会受他人的态度和未预期情境影响（Kotler & Keller，2006）。

为了预测消费者实际的购买行为，大部分研究都会通过研究消费者对于某产品的"购买意愿"（Purchase Intention）来推论产品可能的销售量（Grewal et al.，1998）。消费者的购买意愿可以分为以下6种类型：(1) 支出意愿（spending intentions）：消费者愿意花多少钱来购买该产品；(2) 购买意愿（purchase intentions）：消费者想要购买的产品或服务；(3) 再购买意愿（repurchase intentions）：消费者是否愿意再次购买相同的产品；(4) 购物环境意愿（shopping intentions）：消费者想要在哪个地方购买产品或服务的倾向；（5）搜寻意愿（search intentions）：在消费者出现产品或服务需求的状态下，消费者想要进行外部搜寻信息的意愿；（6）消费意愿（consumption intentions）：消费者从事特定消费性活动的意愿，如看电视、浏览网页等。（Blackwell et al，2006）

消费者对于产品的购买意愿也会受自身对产品的涉入程度影响。有关消费者涉入的研究最早可以追溯至 1947 年 Sherif 和 Cantril 的研究。他们认为，涉入是指个体对任何刺激或情境感受到与其自身相关的程度，也就是消费者对于购买决策的关心程度与重要性（Schiffman & Kanuk，1983）。Beckett 等人（2000）根据购买意愿的强度、消费者信心和涉入程度高低，整理出 4 种矩阵类型：重复被动型（信心高／涉入低）、理性主动型（信心高／涉入高）、关系依赖型（信心低／涉入高）、不购买型（信心低／涉入低）。

二、公众对转基因食品的购买意愿

人类对于食品的选择是非常复杂的活动，它深受感官与非感官的影响，影响因素包括：与食品相关的经验、态度、健康、价格以及心情（Prescott et al.，2002）。学术界对于人类食品所做的研究中，以转基因食品与有机食品的讨论最多（Organic Food）。有机食品也称为生态或生物食品，是国际上对无污染天然食品比较统一的说法。一般来说，有机食品指的是符合有机农场标准的机构生产的食品。有机农场致力于对资源的循环再利用，追求生态平衡，以及对生物多样性的保护。有机食品在生产过程禁止使用农药和化肥，通常不使用辐照、工业溶剂或合成食品添加剂进行食品加工（Reeve et al.，2016）。在美国、欧盟以及日本，产品上"有机"的标签是需要经过特定组织机构认证才可以使用的，没有通过合法机构认证而自称是有机产品并上架贩售属于违法行为。

转基因食品与有机食品两者不论在生产过程、营养价值还是价格上都有很大的差异，甚至有对比性。以价格来看，有机食品的价格一般比转基因食品来得更高，甚至比普通食品的价格高出 2~5 倍，也有个别有机食品的价格达到普通食品价格的 8~10 倍，有机蔬菜的价格价差更大（郭静原，2021；周静毅，2022）。《2022 年世界有机农业概况与趋势预测》的调查报告显示，在 2020 年全球有机市场销售额已达到 1 368 亿美元，其中，美国、德国、法国占前三名，分别为 565 亿美元、170 亿美元、146 亿美元（Willer et al.，2022）。

消费者对于转基因食品与有机食品的购买动机深受社会、文化与经济因素的影响。本研究聚焦消费者购买转基因产品的情况与消费动机，因此，本书的数据调查仅讨论转基因产品。本研究调查发现，民众对于转基因产品的购买意愿有差异性，购买意愿由高至低分别是：改善营养的转基因水稻所生产的大米（平均值 =3.068，标准差 =1.2732）、抗病虫害的转基因水果或蔬菜（平均值 =2.957，标准差 =1.2087）、抗病虫害的转基因水稻所生产的大米（平均值 =2.957，标准差 =1.2612）、转基因玉米作为饲料生产的畜产品（平均值 =2.947，标准差 =1.2544）、抗病虫害的转基因小麦加工的面粉（平均值 =2.899，标准差 =1.2305）、转基因大豆加工的大豆油（平均值 =2.894，标准差 =1.2728）、延长贮存期的转基因水果或蔬菜（平均值 =2.822，标准差 =1.2606）、转基因大豆加工的豆腐（平均值 =2.749，标准差 =1.2731）。由此数据可以发现，公众对于能提高营养价值的转基因食品接受度相对较高。以大米为例，"改善营养大米"就比"抗病虫害大米"的购买意愿高；以蔬果为例，"抗病虫害蔬果"的购买意愿比"延长贮存期"的蔬果高，原因可能是公众担心食品中农药残留问题（黄季焜等人，2006），详见表 6.3。

表 6.3　公众购买转基因产品的意愿

	抗虫蔬果	长储蔬果	大豆油	豆腐	小麦	抗虫大米	营养大米	畜产品
完全不愿意	15.0%	19.5%	18.5%	21.5%	18.0%	17.1%	15.6%	17.5%
不愿意	18.5%	19.8%	18.7%	21.1%	16.4%	16.9%	14.6%	15.8%
不知道	34.0%	31.3%	30.5%	29.6%	34.4%	32.7%	33.5%	34.3%
愿意	20.7%	17.8%	19.6%	16.6%	20.3%	19.8%	19.9%	19.3%
非常愿意	11.7%	11.6%	12.7%	11.2%	10.9%	13.5%	16.4%	13.1%
平均值	2.957	2.822	2.894	2.749	2.899	2.957	3.068	2.947
标准差	1.2087	1.2606	1.2728	1.2731	1.2305	1.2612	1.2732	1.2544
总计	100.0%	100.0%	100.0%	100.0%	100.0%	100.0%	100.0%	100.0%

　　参照公众对转基因技术的态度分析，本研究同样将科学素养、媒体使用、网络舆论氛围、社交网络、制度信任和风险感知等变量纳入考量，通过线性回归分析，探讨上述变量对公众购买行为的影响。研究发现，公众对转基因的态度会对其购买行为产生直接的显著正向影响（$\beta=0.317$，$p<0.001$），即公众如果对转基因技术越加支持，就越有可能会购买转基因产品；转基因科学素养会对购买行为产生直接的显著正向影响（$\beta=0.278$，$p<0.001$），即公众越了解转基因技术，越可能购买转基因产品，这个结论也呼应了产品购买的涉入理论，表示公众对于转基因产品涉入程度越高，越会增加购买意愿；网络媒介使用对购买行为产生直接的显著正向影响（$\beta=0.140$，$p<0.001$），这代表收看越多网络媒体正面的新闻报道，越有可能会购买转基因产品；制度信任对购买行为产生直接的显著正向影响（$\beta=0.180$，$p<0.001$），指的是公众对于转基因产品的制度信任越高，越可能购买转基因产品，这里所指的制度信任包括：政府对于转基因产品的安全性研究、转基因产品的

管制、对相关企业的规范等，详见表 6.4。

表 6.4　影响购买行为的因素

自变量	购买行为
科学素养	0.278***
网络媒体使用	0.140***
网络舆论氛围	−0.057
社交网络	0.051
制度信任	0.180***
风险感知	0.052
态度	0.317***
R^2 变化（%）	28.7
调整后的总 R^2（%）	28.5

注：a. 此表内数字为标准化系数 b。

　　b. $* p < 0.05$，$** p < 0.01$，$*** p < 0.001$（双尾检验）。

在许多过往研究中，我们发现消费者本身的想法会受到他人的喜好或态度影响，从而影响其购买意愿（Kotler，2003）。但是，根据表 6.4 的结果可以发现，网络舆论氛围和公众的社交网络都不会对购买意愿产生影响，这指的是公众在浏览社交媒体中的信息时（如微博对于转基因食品的讨论），网络中的舆论意见并不会对公众的行为造成影响，甚至是离公众“最近的意见”（如朋友圈信息或家人态度）也不会造成直接干扰。这与过往对购买意愿影响因素的研究结论有所不同，表示在转基因产品的购买决策中，他人意见并不是影响购买意愿的关键因素。

三、公众购买或拒绝转基因食品的动机与因素

购买意愿经常被用来作为消费者购买新产品或耐久财的销售预测

（Morrison，1979）。而购买动机又是引发购买行为的重要因素，消费者为了满足需求，会往某个特定目标努力。消费者可以选择的食品越来越多，如果想要了解消费者对于转基因食品保持何种态度，必须先厘清消费者购买食品的动机，才能进一步预测消费者的购买意愿。

斯特普托等人（Steptoe et al.，1995）提出食品选择量表（Food Choice Questionnaire，FCQ），来预测人类食品的选择偏好，其中包含 9 个方面，分别为：健康、情绪、便利性、感官吸引力、天然成分、价格、体重控制、熟悉度、道德问题。FCQ 量表被广泛运用在全球 40 个国家，被翻译成 20 多种语言（Cunha et al.，2018），如加拿大（Martins & Pliner，1998）、美国（Glanz et al.，1998）、芬兰（Lindeman &Vaananen，2000）、澳大利亚（Lockie et al.，2002）、希腊（Chryssohoidis et al.，2007），以及匈牙利（Szakály et al.，2018）等国。洛基（Lockie）等人在 FCQ 量表基础上，将食品选择重新划分为 8 个类别：绿色消费、愿付较高的价钱、便利性、感觉与情绪上的要求、天然食品、政策及生态的价值、健康食品的价值、生物科技的接受度（Lockie et al.，2004）。也有学者将食品选择动机分为当地导向、社会导向、实用性导向 3 方面（Torjusen et al.，2001）。此外，有学者发现产品来源国的形象、产品知识以及产品涉入程度会对消费者的购买意愿产生正向显著的影响（Lin & Chen，2006）。

（一）公众购买转基因食品的主要动机

本研究整理访谈资料后发现，公众选择购买转基因食品的主要动机包括：价格因素、感官吸引力、天然成分、健康与安全性等问题。

1. 价格因素

转基因食品研发的主要目的之一就是解决全球粮食短缺问题，通过科学技术来达到低成本的量产目标。因此，在价格方面，我们会发现市面上贩售的转基因食品会比普通食品便宜，这也是吸引公众购买的主要原因之一。许多人在超市买东西时，都会习惯性将同类商品进行比价，在两个商品差异不大的前提下，选择低价者购买。食品的价格一直以来都是影响消费者购买食品的重要因素之一（Chen，2007）。

访谈内容：

价格更有可能影响我的购买意愿。（男，1988，博士，传播学）

有的群体在购物时，是不太受价格影响的，这可能就是高端消费族群。普通老百姓平常去买东西如买一条鱼，他是会算价格，去买便宜些的，一年下来他可以省下不少钱。对普通老百姓来说，政府都已经说转基因食品是安全的，他要考虑他的生活水平和状况，就会有不一样的态度和购买行为。（中国农业科学院生物技术研究所林敏教授）

买过市面上的转基因大豆油，价格比较便宜，口感没什么差别。（男，1992，硕士，材料工程）

2. 感官吸引力

转基因食品在技术研发上是以增加或改变基因性状方式来增加食物营养素、抗病虫害、延长贮存期等功能。转基因食品的研发种类，从植物类食品发展到动物类食品（如美国上市的转基因三文鱼）。从访谈资料中可以发现，公众对于植物性转基因食品的接受度比动物性转基因食品高，这也符合国内研究结果（黄季焜等人，2006）。也有些人认为，如果转基因食品具有更高的营养价值或者口感良好，会愿意去购买转基因食品。这结论也呼应了过往研究，学者们认为，消费者选择食品的主要动机是食品本身所含的营养成分，营养成分越高越能增加消费者的购买意愿（Steptoe et al.，1995）。

访谈内容：

转基因食品的出现是在现有食品上增加或改良某一性状（如抗药

性、抗虫），如果口感或者营养价值更加好的话，我是愿意购买的。（女，1990，博士，免疫学）

如果有研究证实转基因食品的营养成分或是吃起来口感比普通食物更好的话，那我会愿意买来吃吃看。（男，1993，本科，酒店管理）

只愿意买植物类的转基因产品，植物类的转基因，我认为只是因作物的生长周期和环境不能配合而做的改造。但动物类的转基因产品，我认为有违动物物种本身基因，而且不确定是否和新基因有冲突，甚至影响生态环境。（女，1988，硕士，视觉传达设计研究）

一般偶尔吃吃的瓜果类会考虑购买转基因的（不会因为它是转基因产品而不购买），如大米等主食类不会选择购买，这样即使这项技术带来不良后果也不会太严重。（女，1991，硕士，金融）

严格来说，目前农产品转基因的方法其实只是加速其物种演化进程，使其有更强的生存能力。人类农业发展史中转基因作物功不可没，转基因食品含有更高的营养价值且更易推广生产，对于许多粮食匮乏地区有极其重要的意义。我愿意购买普通条件下生产的转基因食品。（男，1992，硕士，材料工程）

3. 天然成分

转基因食品上市以来，一直被舆论广为探讨的一个问题就是其天然性。反对转基因技术者认为，通过"人工"技术来改变动植物的性状违反了自然原则，因此将转基因食品贴上非天然的标签。但是支持转基因技术者则认为，就是因为可以通过"人工"技术，才可以去保留好的性状，删去不好的特征（如某些植物会有致敏性问题），如果要通过传统杂交技术来生产作物，则所需时间、成本相对更大，且还有很多未知、不可控因素，传统育种技术所生产的食品并非就完全无风险问题。从访谈内容中，我们也发现在天然问题上，由于过去发生过许多食品安全问题，所以有公众认为如果是通过国家安全认证上市的食品，都愿意购买，并不在意是不是转基因食品。

访谈内容：

我支持，因为在某方面来说，转基因技术可以在粮食或医药研究上获得效益。我也愿意购买转基因食品，因为从自身的知识判断上我认为其危害有限。（男，1987，博士，社会科学、生物学硕士）

我愿意购买转基因食品。因为本来人类历史的进化好像都经过很多人工和科学方法的转变，空气、环境、食物，可能或多或少都已经不那么天然了，所以如果已得到安全认证，对人体是无害的话，试一试也无妨。（女，1990，硕士，公共管理）

转基因食品如果是国家安全认证，可以购买，但仍会优先选择天然食品。（女，1991，硕士，金融）

4. 健康与安全性

在转基因食品讨论上，最大的争议问题就是转基因食品的安全性。在过去的调查研究中，我们也发现很多问卷在设计时仅询问消费者是否愿意购买转基因食品（黄季焜等人，2006；唐永金，2015）。但这样的测试方法存在技术缺失问题，容易混淆消费者对于转基因食品的认知，消费者不知道访谈所询问的转基因食品是已经通过国家安全认证上市的产品，还是实验室中仍在研究的产品，容易出现认知误差。因此，本研究在问卷设计与深度访谈的提纲规划上，都向受访者强调了购买意愿询问的是"通过国家安全认证"的转基因食品。

访谈内容：

曾经我们也做过和水稻相关的调研，发现连医学院学生都是非常反对转基因的。我们发现一个选项特别重要，就是如果前提是政府已经批准这个产品的安全认证，并已经批准上市了，那你购不购买（转基因食品）？结果很多消费者尤其是普通民众都会选择购买。要是只是单纯问你买不买转基因食品，他们还是会选择去购买非转基因食品。但是如果告知政府已经批准是安全的且上市了，让消费者再来考虑购买与否，那这个选项就会发生变化。（中国农业科学院生物技术研究所林敏教授）

在"通过国家安全认证"的前提下，本研究发现，消费者对于转基因食品的接受度明显比过往研究高（唐永金，2015）。消费者基于对国家食品安全审查的信任，愿意购买转基因食品。在深度访谈中，受访者表示愿意购买，但是必须告知这是转基因食品，要保障他们的知情权，不希望是在不知道的情况下购买转基因食品。这个情况也反映出一直以来转基因食品是否需要"标识"的问题。挺转派认为"标识"转基因成分，容易误导消费者，让消费者产生转基因食品与普通食品不同，甚至会有转基因食品比较不好的观感；但是反转派认为必须保障消费者的知情权，所以必须标识。

访谈内容：

愿意购买，如果食品安全有保证的话。（男，1993，本科，酒店管理）

我愿意购买，如果已经通过国家安全认证的转基因食品，我认为在安全上应该是有保证的。如果购买的时候告知我是转基因食品，我有知情，那我是愿意购买的。（女，1990，博士，免疫学）

如果通过国家安全认证，我愿意购买。因为我们根本无法判断市场上的食品是否转基因食品，与其盲目反对，不如买有认证的，总比没有认证的可能会好一点。（男，1983，硕士，教育技术学）

愿意购买，因为有国家安全认证。（男，1993，本科，化工）

愿意购买，通过国家安全认证即代表受认可的安全。（男，1989，硕士，金融）

转基因作物有好有坏，通过安全认证还是会购买的。（女，1993，本科，工商管理）

（二）公众拒绝购买转基因食品的因素

即使通过国家安全认证，仍有人拒绝购买转基因食品。通过深度访谈我们了解到，受众拒绝转基因食品的因素大致可以分为以下几点：倾向天然食品、研究数据与安全性问题、制度与生态问题、其他食品的选择等。

1. 倾向天然食品

基于过往食品选择经验，受众拒绝原因之一就是认为转基因食品不是天然食品，受众认为以"人工"方式为物种进行基因编辑，这种方法有违自然法则。

访谈内容：

我还是会比较希望购买天然的非转基因食品，毕竟转基因食品是非天然形成的，无法知道多年食用转基因食品会不会发生什么病变。（男，1988，硕士，计算机科学与技术）

对转基因不支持，感觉和克隆技术一样，违反自然规律。且不购买转基因食品，觉得不健康。（男，1922，博士，机械工程）

我个人对转基因不支持，因为它破坏了正常自然生长的大环境，在某些方面甚至造成长久损失。但无法避免的情况是，世界人口无法得到完全的粮食供给，所以转基因技术发展的动力在这里。而且一旦被大型企业掌握技术，为了经济利益也会无法避免其推广。（女，1987，硕士，工业工程）

我反对转基因，不会购买转基因食品。虽然有国家安全认证，但非自然的食品吃多了，对身体健康安全的影响程度多寡无从验证。（男，1983，博士，美术系）

2. 研究数据与安全性问题

多数受访者拒绝购买转基因食品的原因是因为他们认为转基因食品商业化时间较短，不如传统育种技术发展时间久远。他们认为，转基因技术在实验室研究的时间还不够久，实验数据不够庞大，对于未来的影响存在许多未知性。基于这些因素，受访者会产生对"新食物"的恐惧心理，加上不信任转基因食品的相关厂商，受访者认为厂商会为了商业利益而捏造实验数据。这可能与受访者对于转基因技术的了解程度有相关性。过去有学者将转基因知识分为主观认知与客观认知，当公众高估自己对转基因技术的了解时，会对转基因技术产生较高的风险感知、较低的收益认知，且会降低购买意愿（Hwang & Nam，2020）。

访谈内容：

我反对转基因，因为目前显示的数据还不是很庞大，副作用的药理实验还不是很充分，另外，不法厂商为了将商品尽快上架，数据有造假与买卖的可能。如果有已通过 FDA 认证的产品，我会考虑购买。（男，1987，博士，化工）

我反对转基因，因为转基因食品不能证明对人类无害。（女，1991，硕士，环境科学）

我其实没特别觉得支持或反对，因为粮食短缺是可遇见情况，所以我们真的也需要多找其他方法来增加粮食产量。但目前转基因技术不成熟，累积的数据也不够，不知道我们吃进去到底好不好，我们就跟小白鼠一样。（女，1987，本科，经管学院）

目前还是不愿意购买转基因食品，认为一切还需再观察。（女，1987，本科，经管学院）

我不愿意购买转基因食品，通过安全认证只是说转基因食品暂时没

有明显的有害作用，至于长期的影响，尤其是基因层面的，给不出数据来证明安全性。（男，1982，博士，机械工程）

3. 制度与生态问题

通过收益—风险（Benefit-risk analysis）框架分析，中国消费者依靠对转基因食品的积极态度来增加购买意愿，或通过感知风险降低购买意愿。提高消费者对于转基因技术的信任，可以有效增加他们感知到转基因食品带来的好处，也会降低他们感知到的风险（Zhang et al.，2018）。受众对于转基因技术的信任感一旦降低，就会导致他们拒绝转基因食品，害怕转基因食品带来的风险，甚至对人体造成伤害。

访谈内容：

对转基因我持支持的态度，技术本身没错，错在利用技术的人身上。（男，1977，博士，法学）

4. 其他食品的选择

从访谈结果我们还发现，受众拒绝转基因食品的一个原因是市面上还有其他食品可以购买，在此前提下，许多立场保守的受众会更倾向选择他们已知的食品，避免未知食品带来潜在的风险。

访谈内容：

我不愿意购买转基因食品，因为市面有更多非转基因的食品供选择。（男，1992，本科，机械设计及其自动化）

暂时不愿意购买，因为目前接收到的信息都不是正面的。况且，天然、自然的食品吃了一定不会有问题，就没必要冒险去吃未来可能会有不好影响的转基因食品。除非未来能证实这些转基因食品确实没有不好影响，甚至有好的影响，如治病之类的。（女，1998，硕士，信息艺术设计系）

第三节　公众对转基因技术态度的实证检验

影响公众最后接受和愿意购买转基因食品的因素是相当复杂且多元的。因此，本研究对于各变量间的影响关系会继续进行分析和探讨。

一、以制度信任作为交互变量

运用 SPSS[①] 建立模型前，将因变量进行了加总求均值的处理。我们还将媒体使用变量、网络舆论氛围变量、社交网络变量、科学素养、制度信任以及风险感知做了中心化的变化，这几类变量所构成的交互项即为中心化赋值后的乘积。首先，在第二层模型中估计了媒体使用、网络舆论氛围、社交网络、科学素养、制度信任以及风险感知的主效应，方差膨胀因子（VIF）的检验结果显示，该模型不存在严重的多重共线性问题。随后，我们在第三层模型中检验了制度信任（见表 6.5）和风险感知（见表 6.6）对媒体使用、网络舆论氛围、社交网络以及科学素养变量的交互效应。

表 6.5　制度信任对公众态度与行为的多元线性回归模型（$N = 1235$）

	对转基因的态度	购买意愿
第一层：控制变量		
性别（0 = 男性）	0.020	−0.006
受教育程度	−0.038	−0.072**
年龄	0.051*	0.153***
增长的 R^2（%）	0.6	2.0

---

① SPSS（Statistical Product Service Solutions），是统计产品与服务解决方案的软件。

	对转基因的态度	购买意愿
第二层：主效应		
媒体使用	0.008	0.176***
网络舆论氛围	0.117***	−0.041
社交网络	0.097**	0.030
风险感知	−0.001	0.050
制度信任	0.458***	0.162***
科学素养	0.158***	0.285***
增长的 R^2（％）	43.5	24.3
第三层：交互效应		
科学素养 × 制度信任	0.021	0.014
媒体使用 × 制度信任	0.081**	0.075*
网络舆论氛围 × 制度信任	−0.109**	0.045
社交网络 × 制度信任	−0.008	−0.087*
增长的 R^2（％）	1.0	0.6
调整后的总 R^2（％）	44.5	26.2

注：a. 此表内的回归系数为标准化系数 b。

b. $* p < 0.05$，$** p < 0.01$，$*** p < 0.001$（双尾检验）。

从表 6.5 主效应的检验结果可知：

1. 网络舆论氛围（$\beta=0.117$，$p<0.001$）、社交网络（$\beta=0.097$，$p<0.01$）、科学素养（$\beta=0.158$，$p<0.001$）以及制度信任（$\beta=0.458$，$p<0.001$）对公众对于转基因的态度都会产生显著正向影响。媒体使用（$\beta=0.176$，$p<0.001$）、科学素养（$\beta=0.258$，$p<0.001$）以及制度信任（$\beta=0.162$，$p<0.001$）对购买行为也会产生显著正向影响。

2. 在控制制度信任的心理变量后，发现制度信任与网络媒体使用的交互项可以正向预测公众对转基因技术的态度（$\beta=0.081$，$p<0.01$）与

购买意愿（β=0.075，p<0.05）。这也就意味着，公众对于制度信任越高，关注网络媒体对公众态度与购买意愿的正向影响就越大。

3. 制度信任与网络舆论氛围的交互项，可以负向预测公众的转基因态度（β=−0.109，p<0.05）。此外，制度信任与社交网络的交互项，也可以负向预测公众的购买行为（β=−0.087，p<0.05）。这意味着，公众的制度信任越高，感知到网络舆论氛围对态度的负向影响就越大；但如果公众的制度信任越高，受众的社交网络对购买行为的负向影响就越大。

二、以风险感知作为交互变量

从表 6.6 的检验结果可知，在控制风险感知的心理变量后，发现风险感知与媒体使用的交互项可以正向预测公众对转基因的态度（β=0.099，p<0.01）。此外，风险感知与网络舆论氛围的交互项可以负向预测公众的转基因态度（β=−0.112，p<0.01）。这意味着，公众感知风险越高，网络舆论氛围对公众态度的正向影响就越大；但如果公众感知风险越低，网络舆论氛围对公众态度的负向影响就越大。

表 6.6　风险感知对公众态度与行为的多元线性回归模型（N = 1235）

	对转基因的态度	购买意愿
第一层：控制变量		
性别（0 = 男性）	0.018	−0.006
教育程度	−0.039	−0.072**
年龄	0.048*	0.153***
增长的 R^2（%）	0.6	2.0

	对转基因的态度	购买意愿
第二层：主效应		
媒体使用	0.007	0.176[***]
网络舆论氛围	0.118[***]	−0.041
社交网络	0.091[**]	0.030
风险感知	−0.007	0.050
制度信任	0.465[***]	0.162[***]
科学素养	0.163[***]	0.285[***]
增长的 R^2（%）	43.5	24.3
第三层：交互效应		
科学素养 × 风险感知	0.008	0.009
媒体使用 × 风险感知	0.099[**]	0.042
网络舆论氛围 × 风险感知	−0.112[**]	0.014
社交网络 × 风险感知	0.007	0.012
增长的 R^2（%）	0.7	0.2
调整后的总 R^2（%）	44.2	25.8

注：a. 此表内的回归系数为标准化系数 b。

　　b. * $p < 0.05$，** $p < 0.01$，*** $p < 0.001$（双尾检验）。

三、建构公众对转基因技术的态度的模型

　　学术界关于公众态度的研究理论相当丰富，不论是传播学、社会学还是心理学，都不乏针对公众态度与行为的相关理论。其中，包括了戴维斯（Davis）等人在 1989 年提出的科技接受模式（Technology Acceptance Model，TAM）、罗杰斯（1995）的创新扩散理论、态度研究和 S-R（刺激－反应）理论。我们发现转基因议题所涉及的因素多

元且复杂，本书第三章有专门篇幅介绍科学素养对公众行为的影响。因此，在第三章的模型基础上，本章加入了心理变量：风险感知与信任，尝试回答在模型纳入个体心理特征后，会对公众的态度与行为产生哪些影响。另外，本章将继续沿用 O-S-O-R 理论模型，来建构影响公众对转基因技术的态度的模型。研究将制度信任、科学素养、公众态度和购买行为作为模型中的潜变量，详见图 6.1。模型拟合结果达到理想水平（p-value=0.000，自由度 =0.181，卡方 =581.077；卡方／自由度 =3.210，rmsea=0.042）。

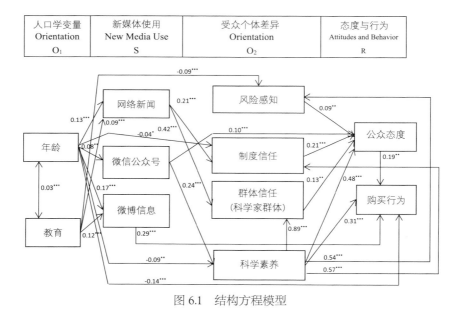

图 6.1　结构方程模型

通过结构方程模型我们可以看到，从 O_1 到 S 的影响过程中，受众的年龄与教育程度都会对网络媒体使用产生影响；S 对 O_2 的过程，网络新闻会正向影响受众对政府的制度信任、对科学家群体的信任；受众在微信公众号上阅读越多的转基因信息，越能提高受众的科学素养，并且能对态度产生直接影响；在微博上接触越多转基因信息，则会直接提高受众对于转基因产品的购买意愿；O_2 对于 R 的影响，风险感知、制度信任、科学家群体信任、科学素养都会对态度产生正向影响；最后，态度又会直接对购买行为产生正向影响，这表示越支持转基因技术者越可能购买转基因产品。

参考文献

外文文献

Allcott, H. , Gentzkow, M. Social Media and Fake News in the 2016 Election[J]. *Journal of Economic Perspectives*, 2017, 31（2）: 211-236.

Allport, Gordon. *Attitudes in A Handbook of Social Psychology, ed. C*[M]. Murchison. Worcester, MA: Clark University Press, 1935:789–844.

Alum, N. , Sturgis, P. , Tabourazi, D. , et al. Science Knowledge and Attitudes across Cultures: A Meta-analysis[J]. *Public Understanding of Science*, 2008, 17（1）: 35-54.

Anderson, A. A. , Scheufele, D. A. , Brossard, D. , et al. The role of media and deference to scientific authority in cultivating trust in sources of information about emerging technologies[J]. *International Journal of Public Opinion Research*, 2012, 24（2）: 225-237.

Anderson, J. R., & Bower, G. H. *Human associative memory*[M]. Psychology press, 2014.

Bakir, V. , & Greenpeace, v. Shell: Media exploitation and the social amplification of risk framework（SARF）[J]. *Journal of Risk Research*, 2005, 8（7-8）: 679-691.

Bauer, R. A. Consumer Behavior as Risk Taking[C]//Proceedings of the 43rd National

Conference of the American Marketing Assocation,June 15, 16, 17, Chicago, Illinois, 1960. American Marketing Association, 1960.

Beck, U. , Lash, S. , & Wynne, B. *Risk Society: towards a new modernity*[M]. London: Sage, 1992.

Beckett, A. , & Paul H. , & Barry H. An Exposition of Consumer Behavior in the Financial Services Industry[J]. *International Journal of Bank Marketing*,2000, 18（1）:15-26.

Beers, P. J. , Boshuizen, H. P. A. E. , Kirschner, P. A. , et al. Computer support for knowledge construction in collaborative learning environments[J], *Computers in Human Behavior*, 2005, 21（4）: 623-643.

Berry, T. R. , Higgins, J. , & Naylor, P. J. SARS wars: an examination of the quantity and construction of health information in the news media[J]. *Health Communication*, 2007, 21（1）: 35-44.

Besley, J. C. , & Shanahan, J. Media attention and exposure in relation to support for agricultural biotechnology[J]. *Science Communication*, 2005, 26（4）: 347-367.

Besley, T. , & Burgess, R. The Political Economy of Government Responsiveness: Theory and Evidence from India[J]. *The Quarterly Journal of Economics*, 2002, 117（4）: 1415-1451.

Blackwell, R. D. , & Engel, J. F. , & Miniard, P. W. *Consumer Behavior*[M]. 10th ed. South-Western Pub, 2006.

Blue, G. Science Communication Is Culture: Foregrounding Ritual in the Public Communication of Science[J]. *Science Communication*, 2018, 41（2）: 243-253.

Bonny, S. Why are most Europeans opposed to GMOs? Factors explaining rejection in France and Europe[J]. *Electronic Journal of Biotechnology*, 2003, 6（1）: 50-71.

Brady, I. , & Kumar, A. Some Thoughts on Sharing Science[J]. *Science Education*, 2000, 84（4）: 507-523.

Bredahl, L. Determinants of Consumer Attitudes and Purchase Intentions With Regard to Genetically Modified Food-Results of a Cross-National Survey[J]. *Journal of Consumer Policy*, 2001, 24（1）: 23-61.

Brossard, D. & Shanahan J. Perspectives on communication about agricultural biotechnology[J]. *The pubilc, the media and agricultural biotechnology*, 2007: 3-20.

Brossard, D. , & Nisbet, M. C. Deference to scientific authority among a low information public: Understanding US opinion on agricultural biotechnology[J]. *International Journal of Public Opinion Research*, 2007, 19（1）: 24-52.

Brossard, D. , & Shanahan, J. Do Citizens Want to Have Their Say? Media, Agricultural Biotechnology, and Authoritarian Views of Democratic Processes in Science[J]. *Mass Communication and Society*, 2003, 6（3）: 291-312.

Chen, M.F.. Consumer attitudes and purchase intentions in relation to organic foods in Taiwan: Moderating effects of food-related personality traits[J]. *Food Quality and Preference*, 2007, 18（7）: 1008-1021.

Chen, Q. , Liu, G. , & Liu, Y. Can Product-Information Disclosure Increase Chinese Consumer's Willingness to Pay for GM Foods? The Case of Fad-3 GM Lamb[J]. *China Agricultural Economic Review*, 2017, 9（3）: 415-37.

Chern, W. S. , & Rickertsen, K. Consumer acceptance of GMO: survey results from Japan, Norway, Taiwan, and the United States[J]. *Taiwanese Agricultural Economic Review*, 2001, 7（1）: 1-28.

Chi, M. T. H. *Three types of conceptual change: Belief revision, mental model transformation, and categorical shift*[M]//S, Vosniadou. *Handbook of research on conceptual change*[M]. Hillsdale NJ: Lawrence Erlbaum Associates.Inc, 2008: 62-82.

Chong, E. K. M. Using blogging to enhance the initiation of students into academic research[J]. *Computer & Education*, 2010, 55（2）: 798-807.

Chryssohoidis, G. , & Krystallis, A. , & Perreas, P. Ethnocentric beliefs and country-oforigin（COO）-effect: impact of country, product and product attributes on Greek consumers' evaluation of food products[J]. *European Journal of Marketing*, 2007, 41: 1518-1544.

Codex Alimentarius Commission（CODEX）. guideline for the conduct of food safety assessment of foods derived from recombinant-DNA plant[J]. CAC/GL, 2003, 45

（2003）: 1-13.

Codex Alimentarius Commission. Principles for the risk analysis of foods derived from modern biotechnology[J]. CAC/GL 2003, 44（2003）: 1-4..

Combs, B. , & Slovic P. Newspaper coverage of causes of death[J]. *Journalism Quarterly*, 1979, 56（4）: 837-843.

Cook, G. , Pieri, E. , & Robbins ,P. T. The Scientists Think and the Public Feels: Expert Perceptions of the Discourse of GM food[J]. *Discourse & Society*, 2004, 15（4）: 433-449.

Cox, R. *Environmental Communication and the Public Sphere*[M]. 4th ed. SAGE Publications, Inc,. 2015.

Crabtree, B. , & Miller, W. *Doing Qualitative Research*[M]. 2nd ed. London: Sage, 1999.

Cunha, L. M. , Cabral, D. , Moura, A. P. , et al. Application of the Food Choice Questionnaire across cultures: Systematic review of cross-cultural and single country studies[J]. *Food Quality and Preference*, 2018, 64: 21–36.

Cvetkovich, George, Ragnar Löfstedt, et al. *Social Trust and the Management of Risk*[M]. London: Earthscan, 1999.

Davenport, Thomas, H. , & Prusak, Laurence. *Working Knowledge: How Organizations Manage What They Know*[M]. Boston, Harvard Business School Press, 1998.

Davis, F. D. , Bagozzi, R. P. , & Warshaw, P. R. User acceptance of computer technology: a comparison of two theoretical models[J]. *Management Science*, 1989, 35（8）: 982-1003.

De, W. B. , Van, K. H. , Schellens, T. , et al. Structuring asynchronous discussion groups: Comparing scripting by assigning roles with regulation by cross-age peer tutors[J]. *Learning and Instruction*, 2009, 20（5）: 1-12.

Defrancesco, L. How safe does transgenic food need to be[J]. *Nature Biotechnology*, 2013, 31（9）: 794-802.

Dodds, W. B. , & Monroe, K. B. , & Grewal, D. Effects of price, brand, and store information on buyers' product evaluations[J]. *Journal of Marketing Research*, 1991, 28（3）: 307-319.

Douglas, M. , & Wildavsky, A. *Risk and culture: an essay on the selection of technological and environment dangers*[M], America:University of California Press, 1983.

Driver, R. Changing conceptions[J]. *Adolescent development and school science*, 1988, 6（3）: 161-198.

Druckman, J. N. , & Bolsen, T. Framing, motivated reasoning, and opinions about emergent technologies[J]. *Journal of Communication*, 2011, 61（4）: 659-688.

Du, H. S. , & Wagner, C. Learning with weblogs: Enhancing cognitive and social knowledge construction[J]. *IEEE Transactions on Professional Communication*, 2007, 50（1）: 1-16.

Du, L. , & Rachul, C. Chinese newspaper coverage of genetically modified organisms[J]. *BMC Public Health*, 2012, 12（1）: 326—331. Url: http://www.biomedcentral. com/1471-2458/12/326

Dunwoody, S. , & Ryan, M. Scientific barriers to the popularization of science in the mass media[J]. *Journal of Communication*, 1985, 35（1）: 26-42.

Durant, J. R. What is scientific literacy[J]//Durant, J. R. & Gregory, J. *Science and culture in Europe*[M]. London: Science Museum, 1993: 129-137.

Earle, T. C. Trust in Risk Management: A Model-Based Review of Empirical Research[J]. *Risk Analysis*, 2010, 30（4）: 541-574.

Einsiedel, E. F. GM food labeling: the interplay of information, social values, and institutional trust[J]. *Science Communication*, 2002, 24（2）: 209-221.

Elizabeth, A. , & Minton, K. *Belief Systems, religion, and Behavioral economics*[M]. Business Expert Press, 2013.

Elizabeth, A. , & Minton, L. R. , & Khale. *Belief Systems, Religion, and Behavioral Economics*[M]. New York: Business Expert Press LLC，2014. ISBN 978-1-60649-704-3.

European Commission. Eurobarometer 73.1— Special report on Biotechnology[R]. 2010, url: http://ec.europa.eu/public_opinion/archives/ebs/ebs_341_en.pdf

FAO. *Food and nutrition*[M]. Rome: FAO, 1997: 65.

Feuerstein R. The theory of structural cognitive modifiability and mediated learning experience[J]. *Feuerstein's Theory and Applied Systems: A Reader. Jerusalem: ICELP*, 2003: 37-45.

Fiske, S. T. , & Dupree C. Gaining trust as well as respect in communicating to motivated audiences about science topics[J]. *Proceeding of National Academy of Science*, 2014, 111（Supplement 4）, 13593-13597..

Fosnot, C. T. *Constructivism: theory, perspectives and practice.2nd edition*[M]. Teachers college: Columbia University. 2005.

Fotopoulos, C. , Krystallis, A. , Vassallo, M. , et al. Food Choice Questionnaire（FCQ）revisited. Suggestions for the development of an enhanced general food motivation model[J]. *Appetite*, 2009, 52（1）: 199–208.

Frewer, L. J. , Howard, C. , & Shepherd, R. Public concerns in the United Kingdom about general and specific applications of genetic engineering: Risk, benefit, and ethics[J]. *Science, Technology & Human Values*, 1997, 22（1）: 98-124.

Frewer, L. J. , Howard, C. , & Shepherd, R. The Influence of Realistic Product Exposure on Attitudes toward Genetic Engineering of Food[J]. *Food Quality and Preference*, 1994, 7（1）: 61-67.

Frewer, L. J. , Miles, S. , & Marsh R. The media and genetically modified foods: Evidence in support of social amplification of risk[J]. *Risk Analysis: An International Journal*, 2002, 22（4）: 701-711.

Frewer, L. J. , Scholderer, J. , & Bredahl, L. Communicating about the Risks and Benefits of Genetically Modified Foods: The Mediating Role of Trust. *Risk Analysis. An International Journal*, 2003, 23（6）, 1117-1133.

Gameroa, N. , Esplugab, J. , Pradesa A. , et al. Institutional dimensions underlying public trust in information on technological risk [J], *Journal of Risk Research*, 2011, 14（6）: 685-702.

Gardner, P. L. Attitudes to science: A review[J]. *Studies in Science Education*, 1975（2）:1-41.

Gauchat, G. Politicization of Science in the public sphere: A study of public trust in the United States, 1974 to 2010[J]. *American Sociological Review*, 2012, 77（2）: 167-187.

Gergen, K. J. Social construction and the educational process[J]. *Constructivism in Education*,1995,17-39.

Giddens, A. *Modernity and self-identity: Self and society in the late modern age*[M]. Cambridge: Polity, 1991.

Glanz, K. , Basil, M. , Maibach, E. , et al. Why Americans eat what they do: taste, nutrition, cost, convenience and weight control concerns as influences of food consumption[J]. *Journal of the American Dietetic Association*, 1998, 98（10）: 1118–1126.

Goodyear. Situated action and distributed knowledge: A JITOL perspective on EPSS[J]. *Innovations in Education and Training International*, 1995, 32（1）: 45-55.

Greenberg, M. R. , Sachsman, D. B. , Sandman, P. M. , et al. Risk, Drama and Geography in Coverage of Environmental Risk by Network TV[J]. *Journalism Quarterly*, 1989, 66（2）: 267-276.

Grewal, D. , Krishnan, R. R. , Baker, J. , et al. The Effects of Store Name, Brand Name and Price Discounts on Consumers' Evaluations and Purchase Intentions[J]. *Journal of Retailing*, 1998, 74（3）: 331-352.

Griffin, R. J. , Dunwoody, S. , & Neuwirth, K. Proposed Model of the Relationship of Risk Information Seeking and Processing to the Development of Preventive Behaviors[J]. *Environmental Research*,1999, 80（2）: S230-S245.

Guo, L. The Application of Social Network Analysis in Agenda Setting Research: A Methodological Exploration[J]. *Journal of Broadcasting & Electronic Media*, 2012, 56（4）: 616-631.

Hallman, W. , Adelaja, A. , & Schilling B. Public Perceptions of Genetically Modified food: A National Study of American Knowledge and Opinion[R]. New Brunswick, NJ: Food Policy Institute, Rutgers-The State University of New Jersey, 2003.

Hallman, W. K. , Adelaja, A. , Schilling, et al. Public Perceptions of Genetically Modified Foods: Americans Know Not What They Eat[R]. New Brunswick, NJ: Food

Policy Institute, Rutgers-The State University of New Jersey, 2002.

Hansson, S. O. Uncertainties in the knowledge society[J]. *International Social Science Journal*, 2002, 54（17）: 39-46.

Hoban, T., Woodrum, E., & Czaja, R. Public opposition to genetic engineering [J]. *Rural Sociology*, 1992, 57（4）: 476-493.

Huang, L., Ban, J., Sun, K., et al. The influence of public perception on risk acceptance of the chemical industry and the assistance for risk communication[J]. *Safety Science*, 2013, 51（1）: 232-240.

Huang, L., Sun, K., Ban, J., et al. Public perception of blue-algae bloom risk in Hongze Lake of China[J]. *Environmental Management*, 2010, 45（5）: 1065-1075.

Hull, D. M., & Saxon, T. F. Negotiation of meaning and co-construction of knowledge: An experimental analysis of asynchronous online instruction[J]. *Computers & Education*, 2009, 52（3）: 624-639.

Hwang, H., & Nam, S. J. The influence of consumers' knowledge on their responses to genetically modified foods[J]. *GM Crops & Food*, 2020, 12（1）, 146-157.

INRA Europe. Eurobarometer 52.1. The Europeans and Biotechnology Report by INRA（Europe）- ECOSA on behalf of Directorate-General for Research, Directorate B - Quality of Life and Management of Living Resources Programme. European Commission, Brussels. 2000.

Ipsos Global @dvisor. *Global Citizen Reaction to the Fukushima Nuclear Plant Disaster*[M]. 2011.

Kahn, M. Environmental disasters as risk regulation catalysts? The role of Bhopal, Chernobyl, Exxon Valdez, Love Canal, and Three Mile Island in shaping U.S. Environmental law[J]. *Journal of Risk and Uncertainty*, 2007, 35（1）: 17-43

Kamaldeen, S., & Powell, D. Public Perceptions of Biotechnology[J]. *Food Safety Network Technical Report*, 2000, 17: 1-16.

Kasperson, R. E., Renn, O., Slovic, P., et al. The Social Amplification of Risk: A Conceptual Framework[J]. *Risk Analysis*, 1988, 8（2）: 177-187.

Kim, K. , Yoon, H. Y. , & Jung, K. Resilience in risk communication networks: Following the 2015 MERS response in South Korea[J]. *Journal of Contingencies and Crisis Management*, 2017, 25（3）: 148-159.

Kinsella, W. J. Risk communication, phenomenology, and the limits of representation[J]. *Catalan Journal of Communication & Cultural Studies*, 2010, 2（2）: 267-276.

Kizinger, J. , & Reilly, J. Media coverage of human genetics research, FalseMemory Syndrome ' and 'Mad Cow Disease[J]. *European Journal of Communication*, 1997, 12（3）: 319-350.

Kosicki, G. M. Problems and Opportunities in Agenda-Setting Research[J]. *Journal of Communication*, 1993, 43（2）: 100-127.

Kotler, P. & Kevin, L. K. Marketing Management 12e[J]. *Basim,Upper Saddle River, Pearsaon Education*, 2006.

Kotler, P. *Marketing management*[M]. 11th ed. Upper Saddle River, New Jersey: Prentice Hall, 2003.

Kuiper, H. A. , Kok, E. J. , & Davies, H. V. New EU legislation for risk assessment of GM food: no scientific justification for mandatory animal feeding trial[J]. *Plant Biotechnol*, 2013, 11（7）: 781-784.

LaFollette, M. C. *Making science our own: Public images of science*, 1910-1955[M]. Chicago: University of Chicago Press. 1990.

Lang, J. T. , & Hallman, W. K. Who does the public trust? The case of genetically modified food in the United States[J]. *Risk Analysis: An International Journal*, 2005, 25（5）: 1241-1252.

Langford, I. H. , Georgiou, S. , Day, R. J. , et al. Comparing perceptions of risk and quality with willingness to pay: A mixed methodological study of public preferences for reducing health risks from polluted coastal bathing waters[J]. *Risk, Decision and Policy*, 1999, 4（3）: 201-220.

Laugksch, R. C. Scientific literacy: A conceptual overview[J]. *Science Education*, 2000, 84（1）: 71-94.

Lave, J. , & Wenger, E. *Situated learning: Legitimate peripheral participation*[M]. New York: Cambridge University Press, 1991.

Levidow, L. , & Carr, S. *GM Food on Trial: Testing European Democracy*[M]. New York, NY: Routledge, 2009.

Lichtenberg, J. , & MacLean, D. *The role of the media in risk communication*[M]// Communication risks to the public. Springer, Dordrecht, 1991: 157-173.

Lin, L.Y. , & Chen, Y. W. The Moderating Effects of Reference Groups and Unanticipated Situational Factors between Purchase Intentions and Repurchase Decisions: An Empirical Study of Travellers on Taiwan Tourist Trains[J]. *Tamsui Oxford Journal of Management Sciences*, 2006, 22（2）:27-52.

Lindell, M. K. , & Hwang, S. N. Households' Perceived Personal Risk and Responses in a Multihazard Environment[J]. *Risk Analysis: An International Journal*, 2008, 28（2）: 539-56.

Lindeman, M. , & Vaananen, M. Measurement of ethical food choice motives[J]. *Appetite*, 2000, 34（1）: 55-59.

Listerman, T. Framing of science issues in opinion-leading news: international comparison of biotechnology issue coverage[J]. *Public Understanding of Science*, 2010, 19（1）: 5-15.

Lockie, S. , Lyons, K. , Lawrence, G. , et al. Choosing organics: A path analysis of factors underlying the selection of organic food among Australian consumers[J]. *Appetite*, 2004, 43（2）: 135-146.

Lockie, S. , Lyons, K. , Lawrence, G. , et al. Eating 'Green': motivations behind organic food consumption in Australia[J]. *Sociologia Ruralis*, 2002, 42（1）: 23-40.

Lupia, A. Communicating science in politicized environments[J]. *Proceedings of the National Academy of Sciences*, 2013, 110（3）: 14048-14054.

MacKenzie, D. J. *International Comparison of Regulatory Frameworks for Food Products of Biotechnology*[M]. The Committee, 2000.

Mackie, D. M., Devos, T., & Smith, E. R. Intergroup emotions: Explaining offensive action tendencies in an intergroup context[J]. *Journal of personality and social psychology*, 2000,79（4）:602.

Maienschein, J. , Borough, D. , Burge, I. , et al. Commentary: To the future——arguments for scientific literacy[J]. *Science Communication, Thousand Oaks*, 1999, 21（1）: 75-87.

Main, R. *The rupture of time: Synchronicity and Jung's critique of modern western culture*[M]. Routledge, 2004.

Marden, E. Risk and regulation: US regulatory policy on genetically modified food and agriculture[J]. *Boston Coll Law Rev*, 2003, 44: 733-787.

Marques, J. P. R. , Amorim, L. , Silva-Junior, G. J. , et al. Structural and biochemical characteristics of citrus flowers associated with defence against a fungal pathogen[J]. *AoB Plants*, 2015, 7.

Martins, Y. , & Pliner, P. The development of the Food Motivation Scale[J]. *Appetite*,1998, 1（30）: 94.

McComas, K. A. Defining moments in risk communication research: 1996-2005[J]. *Journal of Health Communication*, 2006, 11（1）: 75-91.

McCombs, M. E. , & Shaw, D. L. The agenda-setting function of mass media[J]. *Public Opinion Quarterly*, 1972, 36（2）: 176-187.

McCombs, M. E. *The Agenda-setting Approach ,in Nimo,D.D.& Sanders,K.R.,The Handbook of Political Communication*[M]. Beverly Hills ,London:Sage, 1981: 121-140.

McInerney, C. , Bird, N. , & Nucci, M. The flow of scientific knowledge from lab to the lay public - The case of genetically modified food[J]. *Science Communication*, 2004, 26（1）: 44-74.

McLeod, J. M. , Becker, L. B. , & Byrnes, J. E. Another Look At the Agenda-Setting Function of the Press[J]. *Communication Research*, 1974, 1（2）: 131-166.

Mehrabian, A. , & Russell, A. *An approach to environmental psychology*[M]. ambridge, Mass: MIT Press, 1974.

Mielby, H. O. , Sandøe, P. , & Lassen, J. Multiple aspects of unnaturalness: are cisgenic crops perceived as being more natural and more acceptable than transgenic crops?[J].

Agriculture and Human Values, 2013, 30（3）: 471-480.

Mielby, H. O. , Sandøe, P. , & Lassen, J. The role of scientific knowledge in Shaping Public Attitudes to GM Technologies[J]. *Public Understanding of Science*, 2013,22(2): 155-168.

Miller, J. D. *Civic scientific literacy in Europe and the United States*[D]. Paper presented to the annual meeting of the World Association for Public Opinion Research, Montreal, Canada, 2006.

Miller, J. D. *Scientific literacy for effective citizenship*[M]. State University of New York Press, Albany, NY, 1996.

Miller, J. D. Scientific Literacy: A Conceptual and Empirical Review[J]. *Daedalus*, 1983,112（2）:29-48.

Morrison, D. G. Purchase Intentions and Purchase Behavior[J]. *Journal of Marketing*, 1979, 43:65-74.

Morton, T. A. , & Duck, J. M. Communication and Health Beliefs[J]. *Communication Research*, 2001, 28（5）: 602-626.

Nelkin, D. *Selling science: How the press covers science and technology*[M]. New York: W. H. Freeman, 1995.

Neuwirth, K. , Dunwoody, S. , & Griffin, R. J. Protection motivation and risk communication[J]. *Risk Analysis:An International Journal*, 2000 ,20（5）: 721-734.

Nisbet, M. , & Lewenstein, B. V. Biotechnology and the American media: the policy process and the elite press, 1970 to 1999[J]. *Science Communication*, 2002, 23（4）: 359-391.

Nisbet, M. , D. A. Scheufele, J. Shanahan, et al. Knowledge, reservations, or promise? A media effects model for public perceptions of science and technology[J]. *Communication Research*. 2002, 29（5）: 584-608.

Nonaka, I. Leading knowledge Creation: A New Framework for Dynamic Knowledge Management[J]. *Long Range Planning,* 2000,4:1-31.

Nuthall, G. Learning how to learn: the social construction of knowledge acquisition in the classroom[J]. 1997,34-56.

Nyhan, B. , & Reifler, J. Does correcting myths about the flu vaccine work? An experimental evaluation of the effects of corrective information[J]. *Vaccine*, 2015, 33(3): 459-464.

Paarlberg, R. Genetically Modified Crops in Developing Countries: Promise or Peril[J]. *Environment: Science and Policy for Sustainable Development*. 2000, 42（1）: 19-27.

Patton, M. Q. *Qualitative evaluation and research methods*[M]. 2nd ed. Newbury Park, CA: Sage, 1990.

Pella, M. O. , O'Hearn, G. T. , & Gale, C. W. Referents to scientific literacy[J]. *Journal of Research in Science Teaching*, 1966, 4（3）: 199-208.

Perko, T. Radiation Risk Perception: A Discrepancy between the Experts and the General Population[J]. *Journal of Environmental Radioactivity*, 2014, 133: 86-91.

PEW Initiative on Food and Biotechnology. Awareness of genetically modified food remains low, September 2003.Steiner, L. & Bird, N.（winter, 2008）. Reporters see indifference on genetically modified food. Newspaper Research Journal, 29（1）: 63-77.

Piaget, J. *Main trends in psychology*[M]. London: George Allen &Unwin, 1970.

Piaget, Jean. *The equilibration of cognitive structures*[M]. Chicago: University of Chicago Press, 1985.

Poortinga, W. , & Pidgeon, N. F. Trust in risk regulation: Cause or consequence of the acceptability of GM food? [J]. *Risk Analysis: An International Journal*, 2005, 25（1）: 199-209.

Prescott, J. , Young, O. , O'Neil, L. , Yau, et al. Motives for food choice: a comparison of consumers from Japan, Taiwan, Malaysia and New Zealand[J]. *Food Quality and Preference*, 2002, 13（7-8）: 48-495.

Reeve, J. R. , Hoagland, L. A. , Villalba, J. J. , et al. Organic Farming, Soil Health, and Food Quality: Considering Possible Links[J]. *Advances in Agronomy*, 2016, 137: 319-367.

Renn, O. White Paper on risk governance: Towards and integrative approach[R]. International Risk Governance Council（IRGC）, 2009.

Rodríguez-Entrena, M. , & Salazar-Ordóñez, M. , & Sayadi, S. Applying partial least squares to model genetically modified food purchase intentions in southern Spain consumers[J]. *Food Policy*, 2013, 40: 44–53.

Roger, D. W. , & Joseph, R. D. *Mass Media Research: An Introduction*[M].（9th ed）. Cengage Learning, 2010.

Rogers, E. M. *A history of communication study A biographical approach*[M]. New York:NY Free Press, 1994.

Rogers, E. M. *Diffusion of innovations*[M]. New York：The Free Pres, 1995.

Rotter, J. B. Generalized expectancies for interpersonal trust[J]. *American Psychologist*, 1971, 26（5）: 443-450.

Rumelhart, D. E. , & Donald, A. Norman. *Accretion, Tuning, and Restructuring: Three Modes of Learning*[R]. California Univ San Diego La Jolla Center for human information processing, 1976.

Rutherford, F. J. , & Ahlgren, A. *Science for all Americans*[M]. *New York: Oxford University Press*, 1990.

Sandman, P. M. , Sachsman, D. B. ,Greenberg, M. R. ,et al. *Environmental risk and the press: An exploratory assessment*[M]. New Brunswick,N.J.: Transaction Inc., Rutgers University, 1987.

Savadori, L. , Savio, S. , Nicotra, E. , et al. Expert and Public Perception of Risk from Biotechnology[J]. *Risk Analysis*, 2004, 24（5）: 1289-1299. doi:10.1111/j.0272-4332.2004.00526.x

Schiffman, L. G. , & Kanuk, L. L. C o nsumer behavi o r [J]. 1983.

Seethaler, S. , Evans, J. H. , Gere, C. , et al. Science, values, and science communication: Competencies for pushing beyond the deficit model[J]. *Science Communication*, 2019,41（3）: 378-388.

Shanahan, J. , Morgan, M. , & Stenbjerre, M. Green or brown? Television and the cultivation of environmental concern[J].. *Journal of Broadcasting and Electronic Media*, 1997, 41（3）: 305-323.

Sherif, M. , & Cantril, H. The psychology of ego-involvements: Social attitudes and identifications. 1947.

Siegrist, M. , Keller, C. , Kastenholz, H. , et al. Laypeople's and experts' perception of nanotechnology hazards[J]. *Risk Analysis:An International Journal* 2007, 27（1）: 59-71.

Siegrist, M. The Influence of Trust and Perceptions of Risks and Benefits on the Acceptance of Gene Technology[J]. *Risk Analysis*, 2000, 20（2）: 195-204.

Singer, E. , & Endreny, P. Reporting hazards: Their benefits and costs[J]. *Journal of Communication*, 1987, 37（3）: 10-26.

Sjöberg, L. , & Drottz-Sjöberg, B. M. Knowledge and risk perception among nuclear power plant employees[J]. *Risk Analysis*, 1991, 11（4）: 607-618.

Sjoberg, L. Limits of Knowledge and the Limited Importance of Trust[J].*Risk Analysis*, 2001, 21（1）: 189-198.

Slovic, P. Perceived risk, trust, democracy[J] *Risk Analysis*, 1993, 13（6）: 675-682.

Slovic, P. Perception of risk[J]. *Science*, 1987, 236（4799）: 280-285.

Sowby, F. D. Radiation and other risks[J]. *Health Physics*, 1965, 11（9）: 879-887.

Starr, C. Social benefit versus technological risk[J]. *Science*, 1969,165（3899）: 1232-1238.

Steptoe, A. , & Pollard, T. M. , & Wardle, J. Development of a measure of the motives underlying the selection of food: the food choice questionnaire[J]. *Appetite*, 1995, 25（3）: 267-284.

Su, L. Y. , Cacciatore, M. A. , Brossard, D. , et al. Attitudinal gaps: How experts and lay audiences form policy attitudes toward controversial science[J]. *Science and Public Policy*, 2015, 43（2）: 196-206.

Sunstein, C. R. *Republic: Divided democracy in the age of social media. Princeton*[M]. NJ: Princeton University Press, 2017.

Szakály, Z., Kontor, E. , Kovács, S. , et al. Adaptation of the Food Choice Questionnaire: the case of Hungary[J]. *British Food Journal*, 2018, 120（7）: 1474–1488.

Thomas, R. K. The history of health communication[J]. *Health Communication*, 2006,

81（5）: 39-46.

Torjusen, H. , Lieblein G. , Wandel M. , et al. Food System Orientation and Quality Perception among Consumers and Producers of Organic Food in Hedmark County, Norway[J]. *Food Quality and Preference*, 2001, 12（3）: 207-216.

Triunfol, M. L. , & Hines, P. J. Dynamics of list-server discussion on genetically modified foods[J]. *Public Understanding of Science*, 2004, 13（2）: 155-176.

Verain, M. C. D. , Snoek, H. M. , Onwezen, M. C. , et al. Sustainable food choice motives: The development and cross-country validation of the Sustainable Food Choice Questionnaire（SUS-FCQ）[J]. *Food Quality and Preference*, 2021, 93: 1-11.

Verbeke, W. , Viaene, J. , & Guiot, O. Health communication and consumer behavior on meat in Belgium: From BSE until dioxin[J]. *Journal of Health Communication*, 1999, 4（4）: 345-357.

Verdurme, A. , & J, Viaene. Consumer Beliefs and Attitude towards Genetically Modified Food: Basis for Segmentation and Implications for Communication[J]. *Agribusiness*, 2003, 19（1）: 91-113.

Viscusi, W. K. , & Zeckhauser, R. J. National survey evidence ondisasters andrelief: risk beliefs, self-interest and compassion[J]. *Journal of Risk and Uncertainty*, 2006, 33（1）: 13-36.

Von Glasersfeld E. An introduction to radical constructivism[J]. The invented reality, 1984, 1740: 28.

Von, Glasersfeld E. An introduction to radical constructivism. In C.T. Fosnot（Ed）, Constructivism: theory, perspectives, and practice. New York: Teachers College, Columbia University, 1996.

Vosoughi, S. , Roy, D. , & Aral, S. The spread of true and false news online[J]. *Science*, 2018, 359（6380）: 1146-1151.

Wahlberg, A. A. F. , & Sjoberg, L. Risk perception and the media[J]. *Journal of Risk Research*, 2000, 3（1）: 31-50.

Wang, M. L. , & Waters, D. R. Examining how Industries Engagethe Media:Comparing

Americanand German Agricultural Associations' WebSites[J]. *Journal of Communication Management*, 2012, 16（1）: 20-38.

Wang, Y., Li, N., & Li, J. Media coverage and government policy of nuclear power in the People's Republic of China[J]. *Process in Nuclear Enerey*, 2014, 77: 214-223.

Weber, Max. *From Max Weber : essays in sociology*[M]. Gerth Hans, 1908-1979, Mills C Wright（Charles Wright）, 1916-1962. New York: Oxford University Press, 2009: 146-357.

Weigold, M. F. Communicating science: a review of the literature[J]. *Science Communication*, 2001, 23（2）: 164-193.

Wheatley, H. G. Constructivist Perspectives on Science and Mathematics Learning[J]. *Science Education*, 1991, 75（1）: 9-21.

Wildavsky, A., & Dake, K. Theories of risk perception: Who fears what and why? [J]. *Daedalus*, 1990, 119: 41-50.

Willer, H., Jan T., Claudia M. et al. The World of Organic Agriculture[J]. Statistics and Emerging Trends 2022. Research Institute of Organic Agriculture FiBL, Frick, and IFOAM – Organics International, Bonn. https://www.fibl.org/en/shop-en/1344-organic-world-2022

Wilson, K., Code, C., Dornan, C., et al. There porting of theoretical health risks by the media: Canadian newspapers reporting of potential blood transmission of Creutzfeldt-Jakob disease[J]. *BioMed Central Public Health*, 2004, 4（1）: 1-9.

Woodworth, R. S., Schlossberg, H. *Experimental psychology*[M]. NY: Holt, Rinehart & Winston, 1965.

World Health Organization. Safety aspects of genetically modified foods of plant origin: report of a joint FAO/WHO expert consultation on foods derived from biotechnology[J]. 2000.

Yamamura, E. Experience of Technological and Natural Disasters and Their Impact on the Perceived Risk of Nuclear Accidents after the Fukushima Nuclear Disaster in Japan 2011: A Cross-country Analysis[J]. *The Journal of Socioeconomics*, 2012, 41（4）: 360-363.

Zhang, Y. , Jing, L. , Bai, Q. , et al. Application of an integrated framework to examine Chinese consumers' purchase intention toward genetically modified food[J]. *Food Quality and Preference*, 2018, 65: 118–128.

Zhong, F. , Marchant, M. A. , Ding, Y. , et al. GM Foods: A Nanjing Case Study of Chinese Consumers' Awareness and Potential Attitudes[J]. *AgBioForum*, 2003, 5（4）: 136-144.

Zimbardo, P. G., & Gerrig, R. J. *Psychologie*[M]. Pearson Deutschland GmbH, 2008:642-646.

中文文献

曾繁旭，戴佳 . 中国式风险传播：语境、脉络与问题 [J]. 西南民族大学学报：人文社会科学版，2015，36（4）：185~189.

陈君石 . 食品安全风险评估概述 [J]. 中国食品卫生杂志，2011，23（1）：4~7.

陈君石 . 转基因食品：基础知识及安全 [M]. 北京：人民卫生出版社，2003：67~69.

陈学敏 . 转基因技术与生物多样性的冲突——从野生植物保护谈起 . 中国法学会环境资源法学研究会 2010 年年会暨全国环境资源法学研讨会 [C]. 武汉：武汉大学环境法研究所，2010.

程曼丽，乔云霞主编 . 新闻传播学辞典 [M] . 北京：新华出版社，2013：24.

崔波，马志浩 . 人际传播对风险感知的影响：以转基因食品为个案 . 新闻与传播研究 [J].2013，20（9）：5~20.

戴佳，曾繁旭，郭倩 . 风险沟通中的专家依赖：以转基因技术报道为例 [J]. 新闻与传播研究 . 2015，3（5）：32~45.

邓理峰，周志成，郑馨怡 . 风险～收益感知对核电公众接受度的影响机制分析——基于广州大学城的调研 [J]. 南华大学学报：社会科学版，2016，17（4）：5~13.

董悦 . 各国转基因农产品安全管理的国际比较及综合评价 [D]. 华中农业大学，2011.

范敬群，贾鹤鹏，张峰等．争议科学话题在社交媒体的传播形态 [J]．新闻与传播研究，2013，20（11）：106~116．

范敬群，贾鹤鹏．极化与固化转基因"科普"的困境分析与路径选择 [J]．中国生物工程杂志，2015，35（6）：124~130．

葛立群，吕杰．我国转基因食品的发展现状及安全管理 [J]．农业经济，2008（2）：80~81．

葛之钧．以 Blog 为基础之在线知识分享程度：与部落格认知可用性、多元智能以及学习风格关系之研究 [D]．国立中央大学资讯工程研究所硕士论文，2009．

郭静原．有机食品持续走热 [N]．经济日报．2021-11-7．http：//www.news.cn/fortune/ 2021-11/07/c_1128039085.htm．

郭小平．风险传播的"公共新闻学"取向 [J]．兰州学刊，2008（8）：178~180．

国际农业生物技术应用服务组织．2018 年全球生物技术 / 转基因作物商业化发展态势 [J]．中国生物工程杂志，2019，39（8）：1~6．

国家能源局（2021）．国家能源局、科学技术部《关于印发〈"十四五"能源领域科技创新规划〉的通知》[EB/OL]．2022-04-06．http：//zfxxgk.nea.gov.cn/2021-11/29/c_1310540453.htm．

韩自强，顾林生．核能的公众接受度与影响因素分析 [J]．中国人口资源与环境，2015，25（6）：107~113．

黄季焜，仇焕广，白军飞等．中国城市消费者对转基因食品的认知程度、接受程度和购买意愿．中国软科学 [J]，2006，2：61~67．

暨荀鹤．欧盟 REACH 法规下对已有的毒理学研究数据的评价 [C]．中国毒理学会：中国毒理学会第五次全国学术大会论文集，2009：153．

贾鹤鹏，范敬群，闫隽．风险传播中知识、信任与价值的互动——以转基因争议为例 [J]．当代传播，2015（3）：99~101．

贾鹤鹏，范敬群．知识与价值的博弈——公众质疑转基因的社会学与心理学因素分析 [J]．自然辩证法，2016，8（2），7~13．

贾鹤鹏，范敬群．转基因何以持续争议——对相关科学传播研究的系统综述 [J]．科普研究，2015（1）：83~92．

贾鹤鹏，苗伟山．科学传播、风险传播与健康传播的理论溯源及其对中国传播学研究的启示 [J]. 国际新闻界，2017，39（2）：66~89.

姜菁玲．微博 2021 年营收达 22.6 亿美元，用户量级与活跃度均有上涨 [N/OL]. 界面新闻．[2022-04-08]. https://baijiahao.baidu.com/s?id=1726274843200311246&wfr=spider&for=pc

金兼斌，楚亚杰．科学素养、媒介使用、社会网络：理解公众对科学家的社会信任 [J]. 全球传媒学刊，2015，2（2）：65~80.

金兼斌，江苏佳，陈安繁等．新媒体平台上的科学传播效果：基于微信公众号的研究 [J]. 中国地质大学学报：社会科学版，2017（2）：107~119.

金兼斌，吴欧，楚亚杰等．科学家参与科学传播的知行反差：价值认同与机构奖惩的角度 [J]. 新闻与传播研究，2018，25（2）：20~33.

金兼斌．科学素养的概念及其测量 [C].// 科技传播与社会发展——中国科技新闻学会第七次学术年会暨第五届全国科技传播研讨会论文集，2002：78~100.

金芜军，贾士荣，彭于发．不同国家和地区转基因产品标识管理政策的比较 [J]. 农业生物技术学报，2004（1）：1~7.

康雅菁．维基百科社群知识建构历程之研究——社会建构主义观点．国立台湾师范大学工业科技教育学系博士毕业论文 [D]，2009.

孔庆江，杨育晗．欧、美、日转基因产品安全审批制度研究及对我国的启示 [J]. 科技与法律，2017（6）：56~65.

雷润琴．对我国《核电中长期发展规划（2005—2020 年）》的公共性解读 [C]. 山西大学 2008 年全国博士生论坛（科学技术哲学），2008：276~282.

梁汉伟．制度信任、知觉质量与购买意图之研究——以产销履历验证商品之消费者为例 [D]. 台湾中兴大学生物产业管理研究所学位论文，2013.

廖晓东，陈丽佳，李奎．"后福岛时代"我国核电产业与技术发展现状及趋势 [J]. 中国科技论坛，2013（6）：52~57.

林生传．建构主义的教学评析 [J]. 课程与教学季刊，1998，1（3）：1~14.

刘兵．多视角下的科学传播研究 [M]. 北京：金城出版社，2015：43~53.

刘建秋，宋献中．社会责任、信誉资本与企业价值创造 [J]. 财贸研究，2010，（6）：

133~138.

刘鉴强 . 转基因稻米与 13 亿人主粮的利益悬疑 [N]. 南方周末，2004-12-9. http：//www.southcn.com/weekend/commend/200412090017.htm.

刘玲玲 . 消费者对转基因食品的认知及潜在态度初探——以转基因大米为例的个案调查 [J]. 农业展望，2010，6（8）：40~44.

刘涛 . "传播环境"还是"环境传播"？——环境传播的学术起源与意义框架 [J]. 新闻与传播研究，2016，23（7）：110~125.

刘婷 . 转基因食品强制标识的效力：基于美国联邦法案的考察 [J]. 农业经济问题，2019（2）：125~134.

刘志陟，李慧 . 试论我国转基因生物安全性法律体系的完善 [J]. 当代法学，2003（10）：94~96.

刘嘉茹，侯依伶，邱美虹 . 探讨九年一贯课程实施前后国三学生科学态度变化研究 [J]. 科学教育学刊，2009，17：409~432.

马凌 . 新闻传媒在风险社会中的功能定位 [J]. 新闻与传播研究，2007（4）：42~96.

潘淑满 . 质性研究：理论与应用 [M]. 台北市：心理出版社，2003.

祁潇哲，黄昆仑 . 转基因食品安全评价研究进展 [J]. 中国农业科技导报，2013，15（4）：14~19.

邱皓政 . 量化研究与统计分析 [M]. 台北市：五南书局，2002.

任磊，高宏斌，黄乐乐 . 中国公民对转基因的认知和态度分析 [J]. 科普研究，2016，62（3）：59-64.

任晓娜，王彦，陈法国 . 我国提高公众核能接受度的工作现状及展望 [J]. 中国核电，2018，11（3）：283-286.

宋欢，王坤立，许文涛等 . 转基因食品安全性评价研究进展 [J]. 食品科学，2014，35（15）：295~303.

宋锡祥 . 欧盟转基因食品立法规制及对我国的借鉴意义 [J]. 上海大学学报：社会科学版，2008，15（1）.

谭涛，陈超 . 我国转基因作物产业化发展路径与策略 [J]. 农业技术经济，2014（1）：

22~30.

唐永金 . 转基因作物的认知、评价、态度、意愿调查与科学普及 [J]. 安徽农业科学, 2015，43（22）：388~392.

涂超华，赵玉芬 . 最先站出来反对 PX 项目 [EB/OL]. 中国青年报，2007-12-28. http：//zqb.cyol.com/content/2007-12/28/content_2013196.htm.

王国义，贺晓云，许文涛等 . 转基因植物食用安全性评估与监管研究进展 [J]. 食品科学，2019，40（11）：343~350.

王国英 . 转基因植物的安全性评价 [J]. 农业生物技术学报，2001，9（3）：205-207.

王晶 . 2007 年以来 "PX 事件" 的网络舆论研究 [D]. 南京大学，2016.

王娟 . 风险治理中公众对专家的信任研究综述 [J]. 科普研究 .2013，8（3）：35~42.

王玲宁 . 自媒体科学传播对大学生科学素养影响的实证研究——以转基因传播为例 [J]. 新闻大学，2018，140（5）：77~83.

王明远 . 转基因生物安全法研究 [M]. 北京：北京大学出版社，2010：61~68.

王琪 . 产业化背景下转基因作物安全评价制度研究 [D]. 华中农业大学，2018.

王琴芳 . 转基因作物生物安全性评价与监管体系的分析与对策 [D]. 中国农业科学院，2008.

吴明隆 . 结构方程模型——AMOS 的操作与应用 [M]. 重庆：重庆大学出版社，2009.

项新华，张正，庞星火 . 北京市城区居民的转基因食品知识、态度、行为及影响因素分析 [J]. 中国食品卫生杂志，2005，17（3）：217~220.

肖鹏 . 欧美转基因食品标识制度的趋同化及我国的应对——兼评美国 S.764 法 [J]. 法学杂志，2018，39（10）：134~140.

薛达元 . 生物安全管理与实践——南京生物安全国际研讨会论文集 [M]. 北京：中国环境科学出版社，1999：32~43.

杨昌举，黄灿，高原 . 实质等同性：转基因食品安全性评估的基本原则 [J]. 食品科学，2001（9）：95~98.

杨芳.欧盟转基因食品安全监管研究 [D].华中农业大学农业科技组织与服务硕士论文，2012.

叶琳.新时代协力共创"五制并行"核能公众沟通模式的思考 [J].世界环境，2019（6）：62~65.

殷丽君.转基因食品 [M].北京：化学工业出版社，2002：61~67.

英国皇家学会.公众理解科学 [M].唐英英译.北京：北京理工大学出版社，2004：7~9.

游淳惠，金兼斌，徐雅兰.公众如何看待科学家参与政策制定：从科学素养、社会网络和信任的角度 [J].新闻大学，2016，140（6）：77~86.

游淳惠，金兼斌.新媒体环境下科学知识对争议性科技态度的影响——以转基因为例 [J].国际新闻界，2020（5）：81~98.

游淳惠，俞露，林暄.全球化发展下我国转基因技术的风险评估与风险管理分析 [J].今日科苑，2021（3）：75~84.

游淳惠.后真相时代中争议性科学议题的传播路径分析 [J].今日科苑，2019，（7）：61~69.

游淳惠.后真相语境下科学传播的情感机制 [J].今日科苑，2020，（3）：32~38.

游淳惠.网络知识建构对受众的态度行为影响——以转基因技术为例 [D].清华大学新闻与传播学院博士论文，2016.

张超，黄乐乐，任磊.中国公民对核能利用的认知及态度 [J].科普研究，2016，11（3）：53~58+118.

张冠文.微博话语秩序的建构 [J].当代传播，2012（6）：68~71.

张慧，罗玲玲.大学生对核能发电安全风险的感知和性别差异——以辽宁省两所高校 300 名在校大学生为例 [J].自然辩证法通讯，2015，37（4）：111~117.

张基成，唐宣蔚.架构于全球信息网上的知识分布式网络学习社群 [J].远距教育刊，2000，13：18~37.

张苙云，谭康荣.制度信任的趋势与结构："多重等级评量"的分析策略 [J].台湾社会学刊，2005（32）：75~126.

章燕，邱凌峰，刘安琪等.公共卫生事件中的风险感知和风险传播模型研究——

兼论疫情严重程度的调节作用 [J]. 新闻大学，2020（3）：31~45.

郑也夫. 信任论 [M]. 北京：中国广播电视出版社，2006.

中国网络信息中心（CNNIC）. 第 37 次《中国互联网络发展状况统计报告》[R/OL]. [2022-04-08.] http：//www.cnnic.net.cn/hlwfzyj/hlwxzbg/hlwtjbg/201601/t20160122_53271.htm.

中国网络信息中心（CNNIC）. 第 49 次《中国互联网络发展状况统计报告》[R/OL]. [2022-04-08.] http：//www.cnnic.net.cn/hlwfzyj/hlwxzbg/hlwtjbg/202202/t20220225_71727.htm.

中华人民共和国海关总署. 2018 年 12 月进口主要商品量值表（美元值）[EB/OL]. [2019-01-23.] http：//www.customs.gov.cn/customs/302249/302274/ 302277/302276/2279050/index.html.

中华人民共和国农业农村部. 日本修订的转基因食品标识制度将于 2023 年生效[OL]. [2019-06-26.] http：//www.moa.gov.cn/ztzl/zjyqwgz/ckzl/201906/t20190626_6319318.htm.

周静毅. 有机产品认证的综合效益分析 [J]. 乡村论丛，2022（2）：3~11.

周敏，侯颖，王荟萃等. 谁才是风险的"放大镜"——一项关于不同视觉媒介可视化方式对受众风险感知影响的实验研究 [J]. 新闻与传播研究，2018，25（2）：126~127.

周天盟，刘旭霞. 论预防原则在欧盟转基因生物监管中的困境与出路——基于意大利 Fidenato 案的分析 [J]. 中国生物工程杂志，2018，38（6）：95~102.

朱德米，平辉艳. 环境风险转变社会风险的演化机制及其应对 [J]. 南京社会科学，2013（7）：57~63.

邹倩芸. 论传统媒体在环境群体性事件中的责任——以厦门 PX 项目事件为例 [J]. 西部广播电视，2013（16）：52~53.

邹宇春. 社会资本的效用分析：以对城市居民普遍信任的影响为例 [J]. 华中科技大学学报：社会科学版，2015（3）：70~80.

后记

　　科技始终源于人性。几乎所有新兴技术的研发，都是为了改变社会，提高人类的生活质量。科学家在研究过程中也以此为发展目标。同时，确保新兴科技的安全性也是科学家不可逃避的社会责任。科学技术的研究离不开社会发展，因为科技研发的核心概念就是以"人"为核心，为人类服务。这也是为什么近年来有这么多的科学争议议题备受大众关注的原因。这些争议性科技都与人类生活息息相关，这也促使学界、业界，乃至社会大众纷纷关注科学问题，让科学传播成为近代的显学之一。

　　对于争议性科学议题的讨论，科学家最想了解的问题莫过于为什么这些人"拒绝"科技。最初，科学家认为科学知识的困乏会导致误解与偏见，但随着反对声浪的扩大，质疑争议性科技的因素也变得更加多元且复杂，个体的多元化也导致大众对于问题的探讨视角存在差异。由于这些争议性科技涉及大众所关心的社会发展与人类安全问题，大众排斥争议性科技已经不再仅限于科学知识不足的原因了。此时，科学家必须站在更高、更宏观的立场，重新去思考大众为什么如此排斥这些新科技。

通过本书的分析可以了解到，目前社会在探讨争议性科学议题时，常常以科学知识、科学风险、社会信任、社会利益、公众态度等角度去分析，但最值得注意的还是"媒介"对于科技影响的问题。媒介不一定是直接影响公众态度的因素，但却是孕育公众态度与行为的温床，尤其在当代网络媒介成为人类生活中不可或缺的一部分以后，它对于公众的影响更是存在于无形之中。因此，我们必须时时刻刻关注网络媒体生态环境的变化。

随着互联网的快速发展，网络的社会生态产生剧烈裂变，公众的媒体使用习惯也发生了很大的变化。加上网络算法推送技术的诞生，网络社会甚至成为"有心人"引导与角逐舆论的新战场。面对这样的网络环境，有部分公众选择接受网络算法所推荐的文本内容，按照算法意识给予的建议去阅读学习吸收新知；但也有部分公众不愿意被网络媒体主宰，更多强调"自我"意识，主动且有选择性地去决定要接收的媒介内容。

除了受众的行为多样化以外，网络媒介尚存在一个重要问题，就是存在大量的虚假信息、假新闻与伪科学，网络谣言也为科学传播增添了一大难度。过往传统媒体因其组织结构与媒体特性，在公众接收信息之前，有专业的新闻工作者作为守门人为公众的新闻事实坚守最后一道防线。但随着网络时代的来临，公众可以直接获取第一手信息，中间少了守门人的新闻过滤与事实审查工作，造成科学流言满天飞的现象，假新闻的传播速度比事实传递得更快、更广泛。

面对这样的现象，媒介也在审慎思考应该如何有效防止假信息的传播，并纷纷提出应对方案，包括提高公众的媒介素养、科学素养，对于网络信息进行监管防范，及时澄清虚假信息、破除谣言。即使如此，研究还是发现，有很多公众在事实与谣言之间更相信虚假信息，造成流言胜于真相的奇怪现象。显然，仅仅向公众传达科学知识与真实新闻是不够的。

作为一种替代性思考，科学传播开始聚焦于"情绪"与"情感"诉求的研究。研究发现，在社交媒体环境中情绪比事实更具传播力，情绪成为打开传播的一道门阀。一些传播者有意将科学内容诉诸情感，利用积极（如幽默、希望）与消极（如恐惧、讽刺）的情感策略来引导舆论走向，影响公众的科学认知与态度，甚至引发公众两极化的激烈辩论，将科学从理性思考转向感性诉求，利用社会阶层的某些对立，引发公众对精英阶层的普遍不满以及对社会权威和制度的不信任。基于相关证据，许多科学家相信，科学的情感体验与寓教于乐的方式更能改变公众的科学认知。但是实际情况到底如何？如果这种影响确实存在，其情感的作用机制又是什么？本书认为面对争议性科技的科学传播讨论，不妨把情绪与情感诉求作为一种切入角度，更多聚焦于"人"，从公众的立场出发，去探讨人与媒介的关系。

对于本书的付梓我要由衷感谢我的导师、清华大学新闻传播学院的金兼斌教授。在清华园读博的过程中，我面临了人生中很多的第一次：第一次离开台北来到北京求学；第一次与全国最优秀的学子齐聚一堂；第一次离开家人住在清华紫荆学生公寓里……这些数不尽的第一次，既有挑战也有挫折，但是能够在清华园里学习是一种幸福。因为读博的决定，我离开 TVBS 电视台的工作，走上科研的道路，人生像翻开了新的篇章。如果要说在清华最幸运的事情是什么，那就是能够成为金老师的学生。金老师是一位注重言传身教的学者，从老师的身上我除了看到严谨的治学精神外，还看到老师对待每一位学生时因材施教的用心。在读博士期间，我担任老师研究方法课程的助教，金老师为了让学生可以更好地学习课程内容，除了授课时间以外，还在课后安排与每一位学生进行一对一的论文答疑。每次论文讨论都在一小时以上，常常都是从早上讨论到晚上，很多次都错过了用餐时间，甚或是牺牲假日休闲时间，只为确保每一位学生都能获得最好的学习效果。陪着金老师与其他研究生一同讨论论文选题与研究方法的过程，更奠定了我日后的研究基础。非常感谢金老师的细心指导，在博士论文的撰写过程中，老师花费了大量的时间跟我讨论论文选题与研究方法。也是金老师为我开启了科学传播的研究大门，带领我走向科学传播的研究领域，使我能够完成这本书。

我也要感谢我的家人对我无私的关怀与照顾。读博是一条漫长的道路，还好有家人一路的支持与谅解。尤其要感谢我的母亲，谢谢母亲对我从小的教育与训练，让我可以专心致志地走在学术的道路上。我想把这本书献给在天堂的父亲，在我读博期间，父亲因急性心肌梗塞突然去世，这对我造成很大的打击，甚至一度让我无法完成学业。无法见到父亲最后一面，也成为我一辈子的遗憾。与父亲的最后一面是他送我去桃园机场，临别时依依不舍，父亲一直站在安检口直到目送我进去后才离开。那时候我问父亲什么时候可以来清华，父亲说等我毕业拿到博士文凭，他会来参加我的毕业典礼，而这也成为一个永远无法实现的约定。金老师真的是一位非常温暖的导师，在知道我父亲的事情后，开导并鼓励我继续完成博士学位。对我而言，金老师除了是学业上的导师以外，也是我的人生导师。此外，我还要特别感谢我的硕士导师，台湾艺术大学广播电视系的赖祥蔚教授。赖老师对我学术基础的精心指导，以及博士期间给予我的坚定支持，使我受益匪浅。他亦师亦友的态度，让我在学术探索的道路上更加从容自信。再次感谢金老师和赖老师对我的指导。

　　最后，我要感谢清华大学新闻与传播学院的尹鸿教授、陈昌凤教授、雷建军教授，北京师范大学新闻与传播学院张洪忠教授、徐敬宏教授和北京大学艺术学院王一川教授对我博士论文提出的修改意见，使我的书稿更加精练和丰富。特别感谢清华大学出版社的纪海虹老师，她不仅给予书稿宝贵的修改建议，还细心地审查内容，使本书更加完善。此外，我也要感谢浙江工业大学人文学院的王哲平教授、浙江工业大学社会科学研究院的贾舒亦老师，以及复旦大学新闻学院的楚亚杰副教授。他们在我书稿的写作过程中不辞辛劳地提供了宝贵的建议与帮助，对我的研究起到了积极的推动作用。也谢谢我的学生郑子怡和刘阳帮忙校对书稿，他们不仅协助校对书稿还非常细心地确认文章内容与文献引用，为本书的流畅阅读提供了极大的帮助。让我的文章可以读起来更加流畅。也感谢我的研究生骆祝菁、郑晶晶以及本科生俞露，他们在搜集书稿和数据方面给予了关键的协助。最后，我也感谢国家转基因生物新品种培育专项课题计划"转基因生物技术发展科普宣传与风险交流"（项目号：2016ZX08015002）、国家社科基金青年项目（项目号：21CXW004）、浙江省教育厅社科项目（项目号：Y201840469）和浙江工业大学"从科学传播中看受众知识网络的建构——以转基因技术为例"项目（项目号：SKY-ZX-20190162）的研究经费支持。

游淳惠

2023 年 12 月杭州

附录

一、公众访谈名单

编号	性别	出生年	学历	专业	访谈时间
1	女	1993	本科	工商管理	2015/9/16
2	男	1993	本科	化工	2015/10/11
3	男	1992	本科	机械设计及其自动化	2015/11/18
4	男	1996	本科	机械系	2015/11/18
5	男	1993	本科	房地产开发与物业管理	2015/10/11
6	女	1987	本科	经管	2015/12/9
7	男	1993	本科	酒店管理	2015/12/23
8	女	1992	本科	药学	2015/10/17
9	女	1987	硕士	工业工程	2015/10/22
10	男	1992	硕士	工业工程	2015/10/11
11	女	1998	硕士	信息艺术设计系	2016/1/20

编号	性别	出生年	学历	专业	访谈时间
12	男	1988	硕士	计算机科学与技术	2015/10/17
13	女	1992	硕士	海洋生物	2016/1/20
14	女	1990	硕士	公共管理	2015/10/17
15	男	1985	硕士	公共管理	2016/2/27
16	女	1992	硕士	生物化学，生物医学工程	2015/9/16
17	男	1984	硕士	机械工程	2016/2/18
18	男	1990	硕士	材料工程	2015/10/22
19	女	1991	硕士	环境科学	2016/1/22
20	女	1992	硕士	环境科学	2015/9/29
21	女	1991	硕士	金融	2015/9/20
22	男	1989	硕士	金融	2015/9/20
23	女	1987	硕士	视觉设计	2015/12/9
24	女	1988	硕士	视觉传达设计研究	2016/2/27
25	男	1983	硕士	教育技术学	2015/12/9
26	男	1992	硕士	诉讼法学	2016/1/22
27	男	1987	博士	化工	2016/3/6
28	女	1990	博士	生物医学工程	2015/9/16
29	男	1992	博士	机械工程	2016/3/6
30	男	1982	博士	机械工程	2016/1/29
31	男	1983	博士	行政管理	2016/3/6
32	女	1990	博士	免疫学	2016/1/26

编号	性别	出生年	学历	专业	访谈时间
33	男	1977	博士	法学	2016/2/18
34	男	1967	博士	法学	2016/3/2
35	男	1987	博士	社会科学	2016/1/27
36	男	1983	博士	美术系	2016/2/18
37	女	1987	博士	雕塑系	2015/9/16
38	男	1981	博士	美术系	2015/9/16
39	女	1986	博士	传播学	2016/3/6
40	男	1988	博士	传播学	2016/1/29
41	男	1980	博士	传播学	2016/3/9
42	女	1985	博士	临床医学	2016/3/12
43	女	1986	博士	临床医学	2016/2/28
44	男	1980	博士	心理学	2016/3/18
45	男	1989	博士	工业工程	2016/3/18

二、调查问卷

2016 年转基因相关技术和产品的认知、态度及行为调查

尊敬的女士／先生：

您好！

我们正在进行一项社会调查，目的是了解公众对转基因相关技术和产品的认知、态度及行为状况。经过特定的抽样设计，我们选中了您作为调查对象。您的合作对我们了解有关信息具有十分重要的意义。

问卷中问题的回答，没有对错之分，您只要根据平时的想法和做法真实作答即可。对于您的回答，我们将按照《统计法》的规定，严格保密，并且只用于学术分析，请您不要有任何顾虑。整个调查需要约 20 分钟的时间，希望您协助我们完成这次调查，谢谢您的合作。

如果对此次调查有任何疑问，欢迎您联系我们！

调查联系人：游淳惠，youch13@mails.tsinghua.edu.cn

调查负责人：金兼斌，jinjb@tsinghua.edu.cn

金兼斌　游淳惠

清华大学新闻与传播学院

2016 年 3 月

填答说明：以下题目，如果没有特别注明，皆为单选题。请在相应的答案序号处画圈。

1. 请告诉我们您对下列名词或概念的了解程度。

题　目	从没听说过	不太了解	基本了解	比较了解	非常了解
a. 杂交育种技术	1	2	3	4	5
b. 转基因技术	1	2	3	4	5
c. 农业生物技术	1	2	3	4	5
d. 转基因食品	1	2	3	4	5

2. 请您判断下列说法是否正确。

题　目	正确	错误	不知道
a. 孩子的性别是由父亲的基因决定的	1	2	3
b. 转基因番茄中含有基因，但普通番茄中不含基因	1	2	3
c. 一个人吃了转基因食物，他／她的基因会发生改变	1	2	3
d. 把动物基因转入植物体中是不可能的	1	2	3
e. 把鱼基因转入番茄中培育出的转基因番茄会有鱼味	1	2	3
f. 人类基因组与大猩猩基因组相似度为98%	1	2	3
g. 所有的生物都是由细胞组成的	1	2	3
h. 转基因技术是把已知的优质基因导入生物体基因组中	1	2	3
i. 经过许可的转基因作物的食品风险并不会比传统育种作物大	1	2	3
j. 转基因作物和传统杂交作物都是通过基因变化所产生的育种	1	2	3

3. 就您所知，迄今为止我国批准商业化种植的转基因作物是？（可复选）

（1）油菜（2）番茄（3）棉花（4）大蒜（5）番木瓜（6）大豆（7）土豆（8）杨树（9）玉米（10）水稻（11）小麦（12）白菜（13）甜椒（14）甜菜（15）南瓜（16）其他（17）不知道

4. 就您所知，迄今为止我国批准进口用作加工原料的转基因作物有？（可复选）

（1）油菜（2）番茄（3）棉花（4）大蒜（5）番木瓜（6）大豆（7）土豆（8）杨树（9）玉米（10）水稻（11）小麦（12）白菜（13）甜

椒（14）甜菜（15）南瓜（16）其他（17）不知道

5. 就您所知，我国是否允许转基因粮食作物种子进口到境内种植？

（1）是 （2）否 （3）不知道

6. 下列企业中，您听说过与转基因技术相关的企业有哪些？（可复选）

（1）孟山都（2）杜邦先锋（3）光明乳业（4）伊利乳业（5）丰乐种业（6）隆平高科（7）厦门国贸（8）华立药业（9）通威股份（10）其他（11）不知道

7. 就您所知，我国对市场上销售的转基因食品如大豆油、油菜籽油及含有转基因成分的调和油，是否有强制规定必须标识转基因？

（1）是 （2）否 （3）不知道

8. 请告诉我们您对以下这些说法的相信程度。

题　　目	非常不相信	不相信	没意见	相信	非常相信
a. 转基因技术可以降低农药使用	1	2	3	4	5
b. 转基因技术可以提高农作物营养含量	1	2	3	4	5
c. 转基因技术可以提升农作物产量	1	2	3	4	5
d. 经过许可的转基因食品可能含有有害物质	1	2	3	4	5
e. 转基因技术可以降低生产成本	1	2	3	4	5
f. 转基因技术可以减少环境污染	1	2	3	4	5
g. 经过许可的转基因技术可能破坏生物的多样性	1	2	3	4	5
h. 经过许可种植的转基因作物会导致土壤废弃	1	2	3	4	5

9. 以下有关信任的说法，您是否认同？

题　目	非常 不认同	不认同	没意见	认同	非常 认同
a. 在转基因食品的政策制定上，政府会建立完整的条例和规范	1	2	3	4	5
b. 政府有能力监督转基因食品的安全管理和标准制定工作	1	2	3	4	5
c. 政府能确保转基因食品的安全性	1	2	3	4	5
d. 政府发展转基因食品是以民众的食品安全考虑为出发点，保障消费者的权利	1	2	3	4	5
e. 政府在转基因食品的检验流程中不会偏袒特定团体	1	2	3	4	5
f. 国内发展转基因食品的相关业者会切实遵守政府规定	1	2	3	4	5
g. 在转基因食品的研发上，总体而言，我国科学家是值得信任的	1	2	3	4	5
h. 在转基因食品的新闻报道上，总体而言，媒体是值得信任的	1	2	3	4	5
i. 在转基因食品的议题讨论上，总体而言，医药／农业／食品行业是值得信任的	1	2	3	4	5
j. 在转基因食品的议题讨论上，总体而言，转基因食品零售商／企业是值得信任的	1	2	3	4	5
k. 政府会严惩转基因食品业者的违规情况	1	2	3	4	5

10. 以下有关风险的说法，您是否认同？

题　目	非常 不认同	不认同	没意见	认同	非常 认同
a. 只要通过国家安全认证上市的转基因产品，食品安全是有保障的	1	2	3	4	5
b. 对于生态环境来说，种植转基因作物是风险大于利益	1	2	3	4	5

11. 以下关于我国转基因技术的发展，您是否支持？

题　目	非常 不支持	不支持	没意见	支持	非常 支持
a. 是否支持我国进行转基因技术的研发	1	2	3	4	5
b. 是否支持我国商业化转基因相关产品	1	2	3	4	5
c. 是否支持政府将转基因技术用于生物医疗领域	1	2	3	4	5

12. 以下说法您是否同意？

题　目	非常 不同意	不同意	没意见	同意	非常 同意
a. 在日常生活中，家人对转基因食品的态度多为正面的	1	2	3	4	5
b. 到目前为止，在新闻报道上大多说转基因食品是安全的	1	2	3	4	5

题　目	非常 不同意	不同意	没意见	同意	非常 同意
c. 到目前为止，在微博上，大家对 转基因的态度多为负面的	1	2	3	4	5
d. 到目前为止，在微信上，大家对 转基因的态度多为负面的	1	2	3	4	5
e. 我一直关注网络上有关转基因相 关技术的资讯	1	2	3	4	5
f. 我会在微信上关注和"转基因技 术"相关的微信公众号	1	2	3	4	5
g. 我会在微博上关注和"转基因技 术"相关的信息	1	2	3	4	5

13. 如果以下产品通过国家安全认证上市，您是否愿意购买？

题　目	非常 不愿意	不愿意	没意见	愿意	非常 愿意
a. 抗病虫害的转基因水果或蔬菜	1	2	3	4	5
b. 延长贮存期的转基因水果或蔬菜	1	2	3	4	5
c. 用转基因大豆加工的大豆油	1	2	3	4	5
d. 用转基因大豆加工的豆腐	1	2	3	4	5
e. 用抗病虫害的转基因小麦加工 的面粉	1	2	3	4	5
f. 用抗病虫害的转基因水稻生产 的大米	1	2	3	4	5
g. 用改善营养的转基因水稻生产 的大米	1	2	3	4	5
h. 用转基因玉米作为饲料生产的 畜产品等	1	2	3	4	5

14. 您的性别是

（1）男（2）女

15. 您的出生年份是？

16. 您的最高学历是？（如果勾选 1 或 2 或 3 选项，请跳答 18 题）

（1）小学及以下（2）初中（3）高中（4）大专（5）大学本科（6）硕士研究生（7）博士研究生

17. 请问你的居住地区：＿＿＿＿＿＿＿＿

18. 如果您接受了大专及以上学历的教育，您的专业方向是？

（1）理学类（2）工学类（3）农学类（4）医学类（5）人文科学类（6）社会科学类（7）艺术类（8）生物类（9）其他

19. 您现在的职业是？

（1）政府机关工作人员（2）事业单位工作人员（3）公司管理人员（4）公司职员（5）私营企业主（6）个体工商户（7）工厂工人（8）农业劳动者（9）城乡无业失业和半失业人员（10）退休人员（11）学生（12）专业技术人员（教师、医生、工程师等）（13）军人（14）其他

20. 您的家庭月平均收入大约为多少元（包括所有成员的收入，以及投资、佣金等其他所有来源的收入）？